中国科普创作大奖得主松鹰倾情

★ 科学巨人的故事

KEXUE JUREN DE GUSHI MAKENI

马可尼

■ 松 鹰 著

希望出版社

图书在版编目（CIP）数据

马可尼 / 松鹰著. -- 太原：希望出版社，2014.8（2019.9重印）
（科学巨人的故事）
ISBN 978-7-5379-7080-8

Ⅰ.①马… Ⅱ.①松… Ⅲ.①马可尼,M.G.(1874~1937)-生平事
迹-青少年读物 Ⅳ.①K835.466.16-49

中国版本图书馆 CIP 数据核字（2014）第 153895 号

科学巨人的故事
马可尼
松 鹰 著

责任编辑	翟丽莎
美术编辑	白　翎
复　审	谢琛香
终　审	杨建云
装帧设计	柏学玲　贾支荣
责任印制	刘一新

出　　版：希望出版社	地　　址：	山西省太原市建设南路 21 号
开　　本：787mm×1092mm　1/16	印　　刷：	保定市铭泰达印刷有限公司
印　　张：9.25　185 千字	版　　次：	2014 年 8 月第 1 版
标准书号：ISBN 978-7-5379-7080-8	印　　次：	2019 年 9 月第 4 次印刷
定　　价：25.00 元		

编辑热线　0351-4922124
发行热线　0351-4123120　　4156603

印刷热线　0358-7641044

MAKENI

马可尼是意大利著名的发明家、工程师,实用无线电通信的创始人。他未受过正规教育,自学成才,凭着勤奋刻苦和不懈努力,从一个业余的电子爱好者成为杰出的无线电发明家。1896 年,22 岁的马可尼在英国首次实现了 2.8 千米的无线电通信,并取得专利。1898 年,马可尼的无线电报装置正式投入商业使用。1901 年,他实现了无线电报第一次飞越大西洋。因为发明无线电的贡献,马可尼于 1909 年和布劳恩一起获得诺贝尔物理学奖。他因此被称为"无线电之父"。

人人都认识鸡蛋，但只有马可尼把鸡蛋立起来了！

—— 英国邮政总局总工程师普利斯

他的发明开创了人类生活的一个新时代。

—— 意大利诗人邓南遮为马可尼撰写的墓志铭

别的发明者，在电学领域的大海中冒险向前，他们遇到赫兹波的浪潮却让它滚滚而去，并没有意识到这种新潮流会促进世界商业的货运和贸易……而马可尼敢于扬起风帆，到未知的潮流中去探索，他第一个开辟了新的航线。

—— 北美巡回法庭判词

KEXUE JUREN DE GUSHI

MAKENI

世界因他们而精彩

这套《科学巨人的故事》(第二辑)总共 10 本,撰写了 14 位科学巨人的传记故事。他们是居里夫人、诺贝尔、瓦特、斯蒂芬孙、富尔顿、福特、莱特兄弟、麦克斯韦、马可尼、莫尔斯、贝尔、贝尔德和爱迪生。

居里夫人,这位伟大女性发现的镭为癌症患者带来了福音,拯救了无数人的生命。她以自己的勤奋和天赋,在物理学、化学两个领域作出了杰出贡献,成为第一个获得两次诺贝尔奖的人。诺贝尔,这位瑞典化学家、诺贝尔奖的创立者,他一生钟情炸药,却厌恶战争,憧憬和平。他创立的诺贝尔奖,成为全世界科学精英们追求的梦想。

瓦特,这个英国工匠的儿子,他发明的蒸汽机带动了工业革命,使人类的生活和世界文明完全改观。"它(蒸汽机)武装了人类,使人虚弱无力的双手变得力大无穷。"在瓦特蒸汽机的带动下,矿工出身的斯蒂芬孙发明了火车,开辟了全球铁路运输事业;自学成才的工程师富尔顿,造出了世界上第一艘蒸汽机轮船,为世界航海事业作出重大贡献。福特,这个农民出身的汽车大王,他的 T 型汽车创造了一个时代的奇迹,正是他"为世界装上了轮子",使汽车从奢侈品变成大众化的交通工具。莱特兄弟,这两个想征服蓝天的美国大男孩,历尽挫折,亲密合作,最终实现了人类飞行的梦想。

因为他们,人类可以乘着火车、汽车、轮船和飞机,在陆地上奔驰,在海洋里畅游,在天空中翱翔。人类的生活变得便捷了。

麦克斯韦,这位可与牛顿、爱因斯坦齐名的英国物理学大师,他创立的电磁理论,天才地预见了电磁波,为后来无线电的诞生和发展开辟了道路,被誉为"电波之父"。我们今天生活在电波世界中，电视、广播、无线电通信、导航、遥控、遥测、雷达等现代新技术，都受惠于他的贡献。意大利青年马可尼，后来居上，成功地实现了用电波传递信息，成为举世闻名的无线电发明家。

莫尔斯，这位美国画家41岁时因受科普演讲的鼓舞，半路改行研究电报，后来竟创造奇迹，获得成功。他的发明，揭开了人类通信史上的崭新一页。有意思的是，追寻着他的足迹，苏格兰青年贝尔发明了电话，使人类"顺风耳"的梦想成真；另一个苏格兰青年贝尔德，发明了电视，让"千里眼"也变成现实。和贝尔同岁的爱迪生，这位家喻户晓的发明大王，他的留声机、电灯、蓄电池、电影放映机等上千项发明，为我们留下了宝贵的财富，也正是他的发明，让光明常驻人间。

这14位科学巨人的成才道路和创业经历，坎坷曲折，多姿多彩。他们的高尚品格和精神风貌，能给人许多启迪。如贝尔发明的电话改变了世界，但他却从不以电话发明家自居，一生致力于聋哑儿童的教育。莫尔斯、马可尼、贝尔德都是业余电子爱好者，但是他们敢想敢干，善于吸取前人的经验，最后脱颖而出，摘取了发明的桂冠。爱迪生一生从未停止过发明。他的座右铭是："我探求人类需要什么，然后我就迈步向前，努力去把它发明出来。"居里夫人热爱祖国，一生淡泊名利，倾其毕生精力从事放射性研究，并为此献出了宝贵的生命……

我们重温他们的故事，倍感亲切，深受鼓舞。他们那种为人类造福的理想，那种敢于创新的精神，那种不怕失败、百折不挠的毅力，将永远激励后人。

可以想象，如果没有他们发明的火车、轮船、汽车、飞机和电灯、电报、电话、无线电、电视，世界将不再精彩。

让我们向这些科学巨人们致敬！

2014年2月18日于成都兀岭书房

目　录

■ KEXUE JUREN DE GUSHI

MULU

在近代科学技术史上,1888年应该用金色大字来书写。这一年,德国青年科学家赫兹发现了电磁波,证明了麦克斯韦的预言。

赫兹的发现公布以后,引起全世界科学界的轰动。世界上许多著名的实验室,都争先恐后地重复着赫兹的实验。一些有远见的科学家意识到,赫兹对电磁波的发现,不但在理论上有重大意义,而且在实际应用上也有很大的价值。工程技术人员更是被赫兹波吸引住了。大家都在想:怎样利用这种奇妙的赫兹波呢?

赫兹的天才实验,给无线电发明家们开辟了广阔的道路。

一批又一批后继者投入到了探索无线电的行列。在1888年以后的几年时间里,探索用电磁波传送信号成了最激动人心的课题,各国的研究者群雄逐鹿,形成了一支浩浩荡荡的大军。他们当中涌现出许多精英人物,包括法国的布冉利、英国的洛奇、美国的特斯拉、新西兰的卢瑟福和俄国的波波夫等。

在这批英雄中,有一位年轻人,他是意大利无线电的业余爱好者,没有读过大学受过专业教育,但他敢想敢干,善于汲取别人的经验,最后终于第一个摘取了无线电的王冠,取得了极大的成功。

他就是意大利无线电发明家古列尔莫·马可尼。

我们这个故事,讲的就是他创造奇迹的传奇一生。

KEXUE JUREN DE GUSHI

意大利少年的梦

☆ 母亲的宠儿

muqindechonger

　　意大利北部有一座城市名叫博洛尼亚，位于波河平原南缘、亚平宁山脉北麓，是艾米利亚－罗马涅区的首府。博洛尼亚是意大利最古老的城市之一，是一座历史悠久的文化名城。它的名气虽然没有威尼斯和佛罗伦萨大，但也自有独特的风韵和魅力。

　　博洛尼亚以南 80 千米处，就是闻名世界的"文艺复兴之都"佛罗伦萨。两城之间，横隔着一条亚平宁山脉。从博洛尼亚往北走，穿过波河平原，抵达一座

博洛尼亚城

马可尼

小城帕多瓦(伽利略曾在这里任教多年),再东行 30 千米,就到了有"水都"美誉的威尼斯。博洛尼亚由于地处意大利北部的腹地,自古就是交通枢纽和农产品集散地,也是商业中心。博洛尼亚城市规模不大,建筑也不高,但很敦实、古朴。城内多城墙、塔楼和哥特式教堂等古建筑。整个博洛尼亚城保留了诸多 12—13 世纪的建筑风貌。建筑外墙的色调淡雅而富有变化,屋顶全部都是土红色, 从空中鸟瞰别有一番壮观的景象。这为博洛尼亚赢得了一个绰号——"红色之都"。

在博洛尼亚老城区的广场,矗立着两座建于中世纪的塔楼,一高一低。高的一座是阿西内利塔,高约 100 米,是中世纪时博洛尼亚的最高塔楼。每当城里遇上火情,塔楼上的巨大铜钟便会响起报警的钟声,市民们很远都能听到。低的一座塔楼稍矮,造型和阿西内利塔一样。这两座双子塔楼是博洛尼亚的标志性建筑,闻名遐迩,特别吸引游人的眼球。

博洛尼亚的城市景观还有一个特色,即独具一格的柱廊。

博洛尼亚市中心的每栋大建筑都建有带圆柱的门廊, 又称柱廊,优雅而华丽。据说这是中世纪时博洛尼亚当局对修建楼房的一项规定,就连形状和高度都有统一的规格。后来,意大利各城邦纷纷将已修建的柱廊拆除,唯独博洛尼亚保存了下来,在一道道拱门的延伸下,形成了一条长约 38 千米的全天候行人走廊。市民

博洛尼亚城的柱廊

上街可在廊中行走,免受日晒雨淋,也可以在廊下小憩,喝茶聊天。

几百年来,柱廊不仅成为博洛尼亚城一道独特的风景线,也成了博洛尼亚人日常生活中不可缺少的组成部分。此外,博洛尼亚城的人行道也都以走廊形式修筑。博洛尼亚因此又被称为"柱廊之城"。

博洛尼亚还有一个美名,叫"学习之都"。

这是因为在博洛尼亚城的中心,有一所很有名气的博洛尼亚大学。它建于 1088 年,号称全世界第一所大学,也是欧洲最古老的大学,位居欧洲四大学术中心之首(另三个中心是牛津大学、巴黎大学、帕多瓦大学),被誉为欧洲"大学之母"。文艺复兴巨匠但丁、彼特拉克都是该校学生,天文学

博洛尼亚大学校徽

家哥白尼曾在这里留过学。博洛尼亚大学创建之初,以法律和医学两个专业著称(哥白尼学的就是法律),至今已有 900 多年的历史。1988 年 9 月 18 日,在博洛尼亚大学建校 900 年之际,欧洲 430 所大学校长在博洛尼亚大广场共同签署了《欧洲大学宪章》,正式宣称博洛尼亚大学为欧洲所有大学的母校。1999年 6 月 19 日,欧洲 29 国的教育部部长又在博洛尼亚共同签署了《博洛尼亚宣言》,确定了提高欧洲大学竞争力的战略目标。

博洛尼亚还有一个昵称,叫"胖子城"。不是说这里盛产胖子,而是因博洛尼亚拥有许多美食而得名。博洛尼亚的小吃被公认是全意大利最美味和地道的。无人不知的意大利标志性食品肉酱通心粉,在意大利语里就称为"博洛尼亚通心粉"。这种食物不仅胖子百食不厌,瘦子也爱吃。瘦子吃多了,自然就发福成了胖子。

1874 年 4 月 25 日,我们的主人公马可尼就出生在博洛尼亚城郊的一个农庄里。这个农庄名叫蓬泰西奥,是马可尼家族的产业,离市区约 17 千米。庄园里有栋名叫格里福内的别墅,建在一个山丘上。这是座米黄色的三层建筑,

土红色屋顶,四周绿树掩映,这就是马可尼的家。透过别墅的窗户,可以俯视蓬泰西奥农庄的田野。这里土地肥沃,风光绮丽,与富饶的平原连成一片,远方隐约可见起伏的亚平宁山脉。别墅后面的山丘上,种植着葡萄和亚热带水果,还养了许多蚕。就是在这个地方,马可尼度过了快乐的童年,并开始了他业余发明家的事业。

马可尼的父亲朱赛普·马可尼为意大利人,是个能干的农庄主;母亲安妮·吉姆逊为爱尔兰裔,是个典型的贤妻良母。

马可尼家里很富有。父亲善于经营农庄,在商业上也很成功。他的第一任妻子分娩时,因难产不幸逝世。安妮·吉姆逊是他的第二任妻子,是位音乐教师,美丽温柔,比他小 17 岁。

马可尼全名叫古列尔莫·马可尼。他出生的时候,父亲已经 50 岁。马可尼有个哥哥,名叫阿方索,比他大 9 岁。因为是家里的小儿子,所以马可尼很得母亲的宠爱,母子二人感情很深。母亲对马可尼一生的影响非常大。全靠这位伟大母亲的庇护和鼓励,马可尼的天赋才得以充分发挥,并在发明无线电的道路上步步登高,最后夺取了冠军。

安妮帮助丈夫掌管农庄事务,非常操劳。她很喜欢旅游,常带马可尼兄弟俩跋山涉水,到各地旅行。马可尼 3 岁的时候,母亲就带他回到英

马可尼和母亲安妮的合影

国,拜访娘家的亲戚们。由于马可尼经常随母亲回英国,因此他的英语说得比意大利语还流利。这让马可尼从小就对英国产生了一种亲切感,也为他日后赴英发展埋下了伏笔。正是意大利温暖的沃土,把少年马可尼培育成一株苗壮的幼苗。后来移居到英国,他的无线电事业才开花结果。

马可尼童年的大部分时光,都是和母亲一起在旅游中度过的。他成了"小江湖",见多识广,满脑子都是鬼点子。

他的童年充满幻想,严厉的父亲老爱说他"不安分守己"。每当这时,母亲安妮就会微笑着鼓励儿子说:"咱们的小古列尔莫,就是敢想敢干,将来一定会有出息!"

马可尼看着母亲的笑脸,就像看见天使的微笑,心头热乎乎的,他的勇气一下就恢复了。

★ 热爱大海

reaidahai

马可尼儿时最大的梦想,就是当航海家。

冬天,母亲常常带马可尼兄弟俩到南方去避寒。她特别喜欢住在里窝那港,这是意大利西部海岸的一个港口,离比萨和佛罗伦萨很近。马可尼的姨妈和4个女儿就住在里窝那港。因为濒临亚得里亚海,这里气候温暖。

马可尼很喜欢里窝那港。他长得又黑又瘦,活泼机灵,很讨人喜欢。4个表姐妹都很关照他,经常陪他到港湾里玩。看着帆船穿梭往来,成群的海鸥上下翻飞,马可尼非常开心,不禁欢呼雀跃。年龄最小的表妹名叫黛丝,和马可尼最亲密。她梳着一根马尾辫,脸蛋黑黑的,很漂亮。

黛丝总爱问马可尼:"古列尔莫哥哥,你为什么长得这么瘦呀?"

"瘦归瘦,可是有肌肉。"马可尼举起胳膊,摆了个姿势。

黛丝瞄了一眼,也没瞧见什么"肌肉"。

"你多吃一点,就可以长胖了。"黛丝说。

"胖有什么好?"马可尼不屑地说道,"你瞧,羚羊最瘦吧,可它是长跑冠军。猪圈里的猪呢,胖是胖,但只能给人做肉酱。"

"怪不得古列尔莫哥哥不想长胖,原来你是想当长跑冠军呀!"黛丝似乎恍然大悟。

马可尼看见她的模样,抿着嘴笑了。实际上,他心中的偶像并不是又蹦又跳的羚羊。他的梦想是当船长,做个航海家,像哥伦布一样环游世界,发现新大陆。别看他小小年纪,却是雄心万丈。

里窝那港是一座军港,停泊着许多军舰,景象十分壮观。每到节假日,水兵和军官们就会穿着漂亮的海军服上岸度假。他们的潇洒和风度,常常引来姑娘们青睐的目光。小马可尼目睹官兵们神气的模样,更是羡慕不已。

里窝那港有一所意大利海军学校,专门培养海军初级军官。学制四年,前三年学习理工基础知识,后一年学习海军通科知识。学员毕业后授予少尉军衔。

这所军校自然成了马可尼神往的地方。

有一天,母亲安妮问他有什么理想。

马可尼回答说:"我想进海军学校。"这一年,他 10 岁。

父亲朱赛普·马可尼望子成龙,听见这话非常高兴。他认为如果将来小儿子能当海军军官,定会前程似锦。于是,老马可尼破天荒地说了一句:"很好!爸爸支持你。"这大概是他对小儿子说过的唯一一句鼓励的话。

马可尼听到这话,兴奋得一夜没睡着觉。

爸爸说话会算数吗? 他不敢肯定。

老马可尼一向严厉,在经济上更是精打细算。但这一次他说话算数,不惜花钱给马可尼买了一艘小帆船,让他学习航行,为的是鼓励儿子实现当海军的梦想。

马可尼不禁喜出望外。在哥哥阿方索的帮助下,他很快就学会了驾舟的本领,包括观察风向和水流、掌舵、扬帆、逆风而行等等。兄弟俩经常驾着小帆船在海湾里玩,自由自在,非常快活。几个表姐妹不敢上船,拥在岸上为他俩呐喊、加油。小马可尼得意扬扬,还没有进海军学校,已经当上了船长,过了一把瘾。哥哥阿方索给他当大副,兼做教练和保镖。两人玩得很疯狂,有几次掉进海里险些淹死。其中有一次,马可尼双手撑着船头,两脚离地,玩倒立游戏。这是个超高难度的动作,不仅需要玩命的勇气,还要具备奇妙的平衡功夫。马可尼的精彩表演,赢得了岸上围观者的喝彩。

"这是谁家的小子啊? 动作真漂亮!"

"他是古列尔莫哥哥,我们家的小子。"黛丝骄傲地说。

"比看杂技还精彩呀!"

"那边好像有大浪涌过来啦。"另一位看客说。

在船尾掌舵的阿方索也看到了这位看客说的险情。他冲着马可尼大喊:"古列尔莫,小心!"

不料他的话音未落,一排白色的波浪已朝小帆船滚滚卷来。帆船顿时失去平衡,像一片树叶在浪峰里颠来晃去。

正陶醉在表演中的马可尼,根本来不及反应,被一个浪头打进海里。

"哇!"岸上所有的人都被这一幕惊呆了。

"古列尔莫! 古列尔莫!"阿方索惊慌失措,抓住船舷俯身大喊。马可尼的身影一瞬间就被旋涡吞没。水面上涌动着白色的浪花和破碎的泡沫。

"古列尔莫! 古列尔莫!"阿方索声嘶力竭地呼喊。

马可尼却什么也听不见。他隐隐觉得自己从白云之上坠落到了万丈深渊,

周围一片漆黑和冰凉。他睁开眼,朦朦胧胧中看见一群小鱼在面前游来游去,速度很快。接着,一条灰白色的大鱼朝他游过来。这个庞然大物满嘴长着利齿,一对小眼睛透着冷光。他下意识地想到"鲨鱼"!顿时被吓得魂飞魄散,动弹不得。这是马可尼平生第一次感觉到死亡就在眼前。这条大白鲨缓缓游近,一对小眼睛若无其事地打量着他,不一会儿就从他身边游走了。马可尼惊魂未定,挥着两只胳膊,用尽浑身力气拼命往上划,渐渐地,他看见头上露出一片天光。他挣扎着,想喊"救命",只觉得一口咸咸的海水吞下喉咙。他被呛得昏死了过去。

待马可尼醒来时,发觉自己已经躺在岸上,奄奄一息。是哥哥在危急时刻跳进海里,把他救了起来。亏得阿方索的水性好,不然"马可尼船长"就命丧海底了。说起自己刚才差点被大鲨鱼吃掉的惊险遭遇,马可尼心有余悸。

黛丝庆幸道:"大鲨鱼一定是嫌古列尔莫哥哥太瘦了,所以没有吃你。"

"是呀!我怎么没有想到啊。"这一回是马可尼恍然大悟。

多少年后,马可尼常对人讲起儿时的这段趣事。童年的快乐时光令他毕生难忘。正因为有这样的经历,当他看到自己的无线电发明给航海人员带来福音时,心里格外高兴。

这个少年沉浸在对大海的幻想中。

几个春秋过去了,马可尼盼望着梦想成真。

13岁时,他满怀希望,正式报考了里窝那海军学校。遗憾的是,最后他没有被录取,不是因为他长得瘦,而是因为学习成绩不合格。

母亲安妮安慰马可尼不要灰心,说还有其他学校可选。

父亲非常失望,责怪他只顾玩耍,荒废了学业。其实,这也不能完全怪马可尼。因为在12岁前,他没有接受过正规的学校教育。他的早期教育,都是在蓬泰西奥庄园和里窝那港接受的。小时候,马可尼兄弟经常跟着母亲回英国,他俩的意大利语说得都不好。父母请了家庭教师,给他们补习意大利语,也教马

可尼一些其他功课。到 12 岁时,马可尼才进入一所中学就读。但他自由惯了,圈进正规的学校一时难以适应。马可尼有些害羞,不合群。同学们觉得这个"瘦小子"神态傲慢,说话带着英语腔,都有意疏远他。老师认为他反应迟钝,成绩差,难以管教。没有读多久,马可尼就退学了,然后就鼓足勇气去报考里窝那海军学校。在马可尼的传记里,没有留下这所中学的名字。

虽然马可尼当海军军官的梦破灭了,但他对大海的热爱却终生不渝。像英国大科学家开尔文勋爵一样,马可尼后半生的科学研究活动都是在海上进行的。

那年冬天,在母亲的鼓励下,13 岁的马可尼进了里窝那技术学校就读。这是一所中专学校,培养目标是普通的技工。父亲虽然不满意,但总比儿子整日游手好闲要强。

进了技校,马可尼才正式接触物理和化学,很快就对物理、化学入了迷,尤其是对电学产生了浓厚的兴趣。他阅读了能够找到的所有有关电学的资料,包括早期的电学先驱者吉尔伯特、奥托、富兰克林等人的研究,他还囫囵吞枣地读了麦克斯韦、法拉第等一些大师的电学著作,发觉电学天地原来有许多奥秘,而且非常有趣,不禁跃跃欲试。

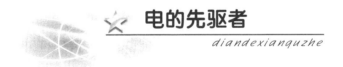

电的先驱者

diandexianquzhe

马可尼翻阅了许多书卷,从中获知电学是一门很古老的科学。在中国商代的甲骨文中就有关于雷电的记载。希腊人也早已发现琥珀的静电特征,"希腊七贤"之一的泰勒斯曾指出,经过摩擦的琥珀能吸引轻小物体。

但电学的发展比较晚,直到 18 世纪初叶,几乎还是一片荒地。

在此之前对电进行探索的学者为数不多。中国东汉的王充算是一个,他在

《论衡》里解释过雷电,书中还有"顿牟掇芥,磁石引针"的记录。其中,"顿牟"表示琥珀,"芥"指细小的物体,"掇"是拾取的意思,与古希腊人的发现不谋而合。不过,王充是位哲学家,他未对电作进一步研究。

电学沉睡了 1500 多年。到了 16 世纪,英国才出了一位科学家威廉·吉尔伯特,他是伊丽莎白女王的御医,但对电学很有兴趣。吉尔伯特证明了不仅琥珀有静电特性,玻璃、硫黄、宝石等经过摩擦也能吸引纸屑和草芥,从而扩大了人们对静电现象的认识范围。他还首次使用了"电"的名称。

但是电究竟是什么? 这位御医也不知道。又一个世纪过去了。17 世纪整整 100 年间,电学仅有一项发明,那就是德国人奥托于 1650 年制成了一台简陋的静电起电机。这台用硫黄球做的仪器很原始,起电时用一只手摇动转柄,另一只手放在旋转的硫黄球上摩擦,手上就会带上静电。18 世纪之前的电学,不过如此。人们不仅对电的来源和性质搞不清楚,对雷电等自然现象,更是怀有恐惧之心。电被一层神秘莫测的面纱笼罩着。

马可尼了解到,到了富兰克林时代,电学才走出褪褓时期。

1731 年,英国科学家格雷发现电荷可以传导,并确知有的物体能导电,有的物体却不能,这就是后来所说的导体和绝缘体。这一发现是电学一个比较大的进步,因为有了导体就有可能制出新的电学仪器了。

三年以后,另一位法国科学家杜法伊又明确了电荷有两种:用毛皮摩擦松香(或胶木)产生的电荷,与用绸子摩擦玻璃棒产生的电荷不一样,同性相斥,异性相吸。这个现象在今天看来很简单,无论在哪一国的初中物理书上都可以找到相关描述,但在当时却是一个崭新的发现。

电荷的发现使许许多多的科学家兴奋不已,既感到奇妙费解又感到有趣。在一段时间里,电学成了一种时尚,静电实验成为上流社会的游戏。

更令人瞩目的是,1745 年冬天,电学界传出一个激动人心的消息:德国的

克莱斯特和荷兰的马森布罗克，几乎同时发现了电震现象。

学者正用莱顿瓶储存电荷

有一天,克莱斯特在聚精会神地做电学实验。他先把一根铁杆插在内部潮湿的玻璃瓶中,然后用金属线（即格雷发现的导体）把摩擦起电机产生的电荷,引到铁杆上。他是想试一试电荷能否储存在瓶子里。当他一只手握住瓶子,另一只手无意间碰到铁杆时,突然感到全身受到剧烈颤动,几乎昏倒在地。他把这一意外情况告诉了一位同事, 不久便听说荷兰莱顿城的大学教授马森布罗克也遇到类似情况。马森布罗克的瓶中装有水,电震程度更厉害。他写信告诉一位朋友时,还心有余悸:"当遭到电震时,在手臂和身体上产生了一种无法形容的恐怖感觉,使我顿时以为我快活不了啦!"

那位朋友照着他说的一试,结果同样可怕,电震时还伴有声响发生。这就是有名的莱顿瓶和电震现象。

这一发现,使人们对电产生了一种崭新的认识。从前人们只把琥珀吸芥等静电现象当作有趣的游戏,莱顿瓶第一次告诉人们电的威力,也是第一次使电荷储存起来。它像春雷一样把电学惊醒了!

马可尼从大量资料中了解到,电学的发展就像一场漫长的科学接力跑。无数的先驱者作出了贡献。

富兰克林受到莱顿瓶的启发,经过反复实验,发现用毛皮摩擦松香产生的电荷,和用绸子摩擦玻璃棒产生的电荷在本质上是一样的。他还用风筝实验证明了雷电就是电——也就是说,天空中的雷电与摩擦起电及莱顿瓶放的电,本质也是一样的。富兰克林因此成为电学的一员主将。

继富兰克林之后,1786 年的一天,生物学家伽伐尼在实验室解剖青蛙,他把解剖了的青蛙倒挂在铁栏的铜钩上,蛙腿突然颤抖起来。伽伐尼认为,蛙腿颤抖的原因是动物体上存在电,他把这种电称为"动物电"。电学家伏打在伽伐尼实验的启发下,经过深入研究,揭开了蛙腿颤抖的真正原因:两种不同的金属与水(伽伐尼实验中的铁栏、铜钩和蛙腿湿润的肌肉)相互接触,可产生一种电流,这种电流刺激了蛙腿的神经,因而引起蛙腿的颤动。根据这一原理,伏打于 1800 年发明了世界上第一个化学电池,即著名的"伏打电堆",宣布了静电时代的结束。人类第一次获得了连续不断的电流。伽伐尼和伏打都是意大利人。那位伽伐尼先生就出生在博洛尼亚,和马可尼是老乡。马可尼感到很骄傲。

又过了 20 年,丹麦物理学家奥斯特在一次讲课时,意外发现了电流能够转动磁针的效应。人们才知道电和磁有关系。法拉第把这种关系形容成一枚铜币的图案和字样,是同一事物的两面。他在日记里写下一个闪光的想法:既然电流可以产生磁,那么磁也可以产生电!

为了这一伟大的目标,法拉第经历了无数次实验的失败,进行了长达 10 年的攀登,最后终于打开了电和磁的宝库……

马可尼从书卷上移开目光,不禁心潮澎湃。

心中的英雄
xinzhongdeyingxiong

在这些电学先驱中,少年马可尼最崇拜两位英雄。一位是美国开国元勋兼科学家富兰克林(1706—1790),他以风筝实验而著名。另一位是英国平民科学家、电磁学先驱法拉第(1791—1867),现今电容器的单位,就是以他的名字来命名的。

富兰克林是美国的开国元勋,是 18 世纪美国最伟大的科学家和发明家，著名的政治家、外交家、文学家、航海家,以及美国独立战争的领袖。

富兰克林是近代电学研究的先驱。他最著名的科学活动，是在费城进行的吸引雷电的风筝实验,证明了闪电是一种放电现象。这个发现在电学史上具有里程碑的意义。为了深入探讨电的规律，富兰克林还创造了许多

富兰克林

专用名词,如正电、负电、导电体、电池、充电和放电等,这些最终成为世界通用的词汇。正是他,揭开了近代电学研究的序幕。富兰克林最先提出了避雷针的设想,由此制造的避雷针,避免了雷击的灾难。他还发明了新型路灯、节能烤炉、双焦距眼镜、玻璃琴乐器和活动梯式折叠凳等。富兰克林集作家、电学家、发明家、出版商、大使、邮政局长、州长、救火队指挥于一身。而他自己最喜欢的身份却是"印刷工富兰克林"。

富兰克林是一个染匠的儿子,出身贫寒。父亲是英国移民,后来从事肥皂和蜡烛制造。由于家庭贫寒,富兰克林 8 岁才上学,只读了两年就辍学当了印刷学徒。富兰克林从小就喜欢读书，靠自学成才。他说:"读书是我唯一的娱乐。"他常向别人或书店借书,利用深夜读书,清晨就去归还。当学徒时,他一有钱就去买书,特别是他最喜欢的航海小说,买得最多。有一次,他还下狠心买了一套大部头的百科全集。对于历史知识,富兰克林也很有兴趣,他把那套百科全集看完后,以原价卖掉,又买进一套历史读物,足足啃了三个月,脑子里装满了丰富多彩的历史故事。富兰克林博览群书,从中学到不少创业立身之道,也学到许多科学知识,为后来成为学识渊博的学者和科学家奠定了基础。

富兰克林风筝实验

1752年7月，富兰克林在美国费城进行了举世闻名的风筝实验。那是一个阴霾密布的夏日，电闪雷鸣，暴风雨即将来临。富兰克林和他的儿子威廉带着丝绸帕做成的风筝和一个莱顿瓶，来到野外一个空旷地带。雷声越来越近，狂风呼啸。富兰克林高举起风筝，儿子威廉则拉着风筝线奔跑。风筝扶摇直上，升到空中，紧接着大雨倾盆，雷电交加。富兰克林和儿子一起拉着风筝线，父子俩焦急地期待着。此时，只见一道闪电掠过，风筝线上有一小段细毛直立起来，被一种看不见的力移动着。富兰克林觉得手中有麻木的感觉，他把手指靠近铜钥匙。顷刻之间，钥匙上射出一串电火花。他抑制不住内心的激动，大声呼喊："威廉！我受到电击了！"随后，富兰克林又把风筝线上的电引入莱顿瓶中。回到家后，富兰克林用雷电进行各种实验，证明了天上的雷电与人工摩擦产生的电具有完全相同的性质，闪电就是电！

富兰克林的风筝实验轰动了世界，揭开了近代电学的序幕。一位法国经济学家称他"攫雷电于九天以上"。德国哲学家康德则说："富兰克林是从天上盗取火种的第二个普罗米修斯。"

就连美国的首任总统华盛顿，都对富兰克林佩服得五体投地。这位总统说："在我的一生中，令我佩服的人只有三位：第一位是本杰明·富兰克林，第二位也是本杰明·富兰克林，第三位还是本杰明·富兰克林。"

这样的伟人，自然成为少年马可尼心中的英雄。马可尼读了富兰克林的传记，爱不释手。

马可尼崇拜富兰克林还有一个原因,就是富兰克林也爱大海。富兰克林从小在波士顿海边长大,特别喜欢游泳、潜水,船也划得很好。他从七八岁起,就敢潜到海里捕捞各种有趣的生物。少年富兰克林十分热爱大海,他爱海的壮丽和辽阔,更爱海的磅礴威力。那变幻不羁的波涛、随波逐浪的海鸥、潮涨潮落、沙滩和帆影……所有这一切都使他心旷神怡。他时常率领一群小伙伴,驾着小帆船在海上破浪航行,大家都推举他当"船长",听他指挥。正是大海的熏陶,使富兰克林从小酷爱自由,养成了不怕风浪、不畏强暴的性格。富兰克林小时候最大的理想,也是去航海。

马可尼觉得自己和富兰克林的心是相通的。

法拉第是另一位令马可尼感到敬佩的科学家、杰出的电学先驱,被誉为"电学之父"。法拉第出生在铁匠之家,从小热爱科学,天性乐观。他提出了带革命性的"力线"和"场"的概念,经过十年不懈地探索,发现了电磁感应,并发明了人类历史上第一台发电机,成为现代发电机的始祖。法拉第凭直觉预见到,电磁感应是一种波动。他的研究成果为麦克斯韦后来创立电磁理论奠定了基础,最终开辟了一个科学的新时代。法拉第一生热烈追求科学真理,淡泊名利。晚年他推辞了皇室的封爵,但对公益事业和青少年科普宣传却从不推却,默默奉献出自己的每一分光和热。

最令马可尼敬佩的是,法拉第也是自学成才的。法拉第出生于英国纽因敦小镇一个贫苦家庭,父亲是个铁匠。由于家庭贫穷,他只上过几年小学,13岁便在一家书店里当学徒。书店的工作使法拉第

法拉第手执磁铁

有机会读到许多科学书籍。有一天,有个绅士送来一本大部头的《大英百科全书》请书店帮助修复。书很厚重,由于不慎浸水,封皮和书脊脱胶了。修复这部书并不难,先微微烘干、上胶,再用铜尺加压就行了。法拉第像修复一件艺术品一样,小心翼翼地把书重新装订好。当他阅读这部百科全书时,仿佛走进了一座科学的宝库,流连忘返,尤其是其中的《电学篇》,引起他无穷的兴趣。从这些章节中,他第一次知道了吉尔伯特和富兰克林这些电学先驱的名字,以及他们在电学上的成就,这促使法拉第抱定终身从事电学研究的决心。

少年法拉第还有一个优点,他不仅读书不倦、爱动脑筋,还喜欢动手做实验。凡是在书上读到的有兴趣的实验,他都想亲手试一试,验证一下那些神奇的现象是不是真的。那时的电学实验还处在初创时期,用不着高级精密的设备,化学实验也比较简单。正像他师傅里波先生说的,有一些瓶瓶罐罐和玻璃器皿就能对付了。不过对一个 13 岁的穷学徒来说,要筹措这些东西也是很不容易的事。法拉第没有钱,他尽可能去捡现成的制作仪器需要的小零件,比如旧玻璃瓶、废弃的细铜丝和旧锌片等。其他的小装置,他尽量自己动手做。确实需要花钱买的,他就把零用钱一点一点攒起来去买。法拉第还在自己住的小阁楼里建立了一个小小的实验室。做实验成了他生活中最大的乐趣。

每晚一收工,法拉第就钻进小阁楼里,点上蜡烛做实验。他有一个笔记本,上面用工整的小字抄录了许多《化学对话》和《大英百科全书》里的实验内容,有化学方面的,也有电学方面的。他照着抄录内容进行演示,把锌片丢进盐酸里,会冒出蓝色的火苗,这就是英国大科学家卡文迪许在 1766 年发现的氢气。

法拉第在玻璃瓶内外敷上一层锡箔,充电以后可产生猛烈的放电现象,这就是著名的莱顿瓶和电震现象,是荷兰学者克莱斯特在莱顿发现的。如果在瓶子里装上水,电震强度会更厉害。在细铜线接近金属棍的一瞬间,果真有火花闪烁,还伴着啪啪的巨响。啊,这不就是惊心动魄的雷电吗?法拉第欣喜若狂。

他从实验中得到了极大的乐趣,实验证明书中的内容是千真万确的。而且实验的成功使法拉第感到,这些好像是他自己的发现一样。这个少年的心中萌生了对科学的热烈向往,阁楼实验室成了他一生事业的起点。

由于法拉第热爱科学研究,专心致志,得到了英国化学家戴维的赏识。1813年3月,戴维举荐法拉第到皇家研究所任实验室助手。这是法拉第一生的转折点,促使他后来成为英国最伟大的科学家。

莱顿瓶实物(美国 Bakken 博物馆藏)

富兰克林和法拉第成了马可尼的榜样。由于他们的影响,马可尼对电学产生了浓厚的兴趣,后来走上了探索发明无线电的道路。

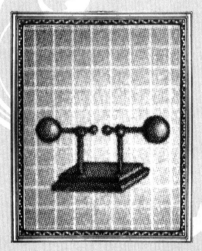

KEXUE JUREN DE GUSHI

激动人心的岁月

★ 痴迷电学

chimidianxue

在格里福内别墅里,马可尼的父亲有一间藏书室,里面的藏书很丰富。马可尼经常躲在里面,忘情地翻阅各种图书。他的阅读条件,比两位前辈大师当学徒时好多了。马可尼小时候喜欢读希腊神话,还有各国的民间传说,满脑子都是稀奇古怪的幻想。长大一些后,他的阅读兴趣转移到科学家传记和科技读物上,从中得到了许多启迪。当富兰克林、法拉第成为心中偶像后,马可尼对电学书籍特别入迷。他在父亲的藏书室里找到一本法拉第的《电学实验研究》,还有普列斯特列的《电学史》,如获至宝,如饥似渴地读起来。摩擦起电、莱顿瓶、电阻、电容、电磁感应等,完全占据了他的脑海。

父亲藏书室里的电学书,他很快就看完了。

马可尼家有个邻居是博洛尼亚大学的物理学教授,名叫李奇,就住在蓬泰西奥庄园的附近。母亲安妮爱子心切,特地带着马可尼登门拜访,请求教授给儿子进行指导。李奇教授对电学颇有研究,一口答应帮助马可尼。他同意马可尼借阅学校图书馆的图书,还欢迎小伙子到学校的实验室参观。

格里福内别墅离博洛尼亚城中心有 17 千米远,马可尼经常搭顺路马车到博洛尼亚大学图书馆借书。有时搭不上马车,他就牵一头家里的毛驴,骑着毛驴,一路吆喝着进城。到了博洛尼亚大学,他把毛驴拴在墙外,自己一头钻进图书馆里。马可尼借此机会,读了许多关于电学的书籍,受益匪浅,增加了不少电磁方面的知识,为他日后的发展奠定了坚实的基础。

15 岁的马可尼成了狂热的电学迷。他效仿少年法拉第,既埋头读书,又动手做电学实验。当然,起初制作的都是一些初级的东西,有点简单粗糙,技术含

量不是很高,如自制伏打电堆、绕制线圈和改装电铃等。零件大都是从庄园的房舍里搜罗来的。

有一次在里窝那,马可尼把小表妹黛丝的袖珍缝纫机拆了,用里面的摇柄做成一个绕线机,用来绕制线圈。黛丝看见自己的缝纫机被马可尼"开肠破肚",伤心地哭了起来。马可尼又把绕线机拆了,重新组装成缝纫机。小表妹这才破涕为笑。

姨妈和表姐妹们也常来格里福内别墅度假。马可尼经常把自制的一些玩意儿拿出来向小表妹显摆。

"这是我的电铃,很高级的。"

"我怎么看不出来?"

"是我亲手改造的,你瞧这里,连着一根导线。"

"哦,是有根线,有什么用呢?"

"自然有用,以后你就知道了。"马可尼卖了个关子。

"这是电瓶,我自己研制的。"马可尼自豪地向她介绍另一样东西。

桌子上摆着一个玻璃瓶,里面插着一根细金属棍。

"什么电瓶?"黛丝一头雾水。

"你不知道吧?就是大名鼎鼎的莱顿瓶。"

"莱顿瓶?不就是个玻璃瓶嘛。"黛丝看不出这瓶子有什么特别。

"这个瓶子可不简单。你瞧,瓶子里外都贴着锡箔。"马可尼向小表妹炫耀道,"瓶里的锡箔通过这根金属链,跟中间这根金属棍相连。你知道吗?富兰克林用风筝引下来的天电,就是用它收集的。"

黛丝被他的话镇住了,目不转睛地盯着瓶子。

马可尼给她做了个小实验。他在莱顿瓶里装上水,然后用一个自制的伏打电堆给莱顿瓶充上电。接着,他用手指轻触莱顿瓶里的金属棍。在一刹那,手指和金属棍之间有火花闪烁,还伴着嗞、嗞的响声。

黛丝非常惊讶。

"古列尔莫哥哥,你真了不起啊!"

"这不算什么。"马可尼一笑,"我掌握的电学知识,已经达到当年法拉第的水平了。"他说的"当年",自然是指法拉第当学徒的时候。听起来口气可不小。

"古列尔莫哥哥,你还想去航海吗?"黛丝问他。

"暂时不想了。"

"为什么呀?"

"有更伟大的事情等着我去做。"

"什么更伟大的事啊?"黛丝好奇地问。

"现在还不好说,以后你就知道了。"马可尼故作神秘。他心中似乎正酝酿着什么计划。

果然,没过多久,马可尼就做出了惊人之举。他用镀锌铁皮做成一根长长的杆子,从别墅三楼的窗户伸出去,固定在屋顶上。然后用一根导线把铁杆和楼下的电铃连在一起。小表妹黛丝提着工具箱跑前跑后的,给马可尼当帮手。

"用导线连着电铃干什么呢?"她问。

"这是我研究出来的雷雨报警铃。"

"它能预报雷雨吗?"黛丝暗自偷笑。

"当然能。"马可尼信心满满地说,"只要暴风雨来临,屋顶上的铁杆就会把天上的闪电吸引下来,再从电线引到这个电铃上,电铃就会响起来。"

"真的呀?"黛丝大为惊奇。

"嘘——"马可尼制止她,"注意保密,千万别让我爸知道了。"

黛丝立刻噤声,点点头。

接下来,两人焦急地等候着雷雨的来临。可是一连几天都是大晴天,天上

连乌云的影子都看不到。黛丝忍不住了，在餐桌上问："安妮姨妈，多久才下大雨呢？"

"呵呵，黛丝这么喜欢下大雨呀？"

"不是，不是……是的，是的。"黛丝语无伦次。

马可尼嘴里嚼着面包，不露声色。

后来，坏天气终于被他们盼来了。天空中乌云密布，雷声阵阵。密集的雨点噼噼啪啪打在屋顶上。马可尼和黛丝向窗外瞥了一眼，然后屏声静气地瞪着电铃。这时一道蓝色闪电从空中掠过，又倏然消失。突然，铃声响了起来！

马可尼和黛丝又惊又喜，不禁欢呼起来。母亲安妮从屋里探出头，诧异地问："是谁来啦？"马可尼向母亲报喜："妈妈，是雷电来做客啦！"

"啊，真的呀！"母亲笑了。

马可尼的"雷雨报警铃"终于实验成功了。对于这个成功，父母的反应却大相径庭。

母亲安妮很欣赏儿子的创造力，为他感到骄傲，爸爸却认为这是"瞎胡闹"。安妮袒护儿子说："这孩子在搞科学实验，应该鼓励。"

"他就是你宠坏的！"朱赛普·马可尼不悦地说，"成天捣鼓这些玩意儿，有什么出息！"

痴迷无线电的少年马可尼

"你不支持就算啦，别泼冷水。"安妮和颜悦色地说道。作为贤淑能干的家庭主妇，她善于化解家里的矛盾。

朱赛普·马可尼不吭声了。

马可尼当年还留下了一张珍贵的照片。从照片可以看出他个头不高，脸颊瘦如刀削，身上穿着三件套西服，系黑领结，裤腿却是皱巴巴的，脚上的皮鞋也像快穿烂了，头上歪戴着有檐帽。乍一看，一点也没有"美少年"的风采，倒像个衣衫不整的门童。只有帽檐下的那双眼睛望着镜头，眼神里透着专注。加上下垂的两手攥成拳头，整个肢体语言是一副整装待发的模样。仿佛只要听到一声令下，立马会冲锋向前。

没想到的是，没过多久，马可尼又有了一个更大的举动，结果却闯了祸。

一篇论文的启发
yipianlunwendeqifa

又一个雷雨天里，马可尼重复富兰克林做过的风筝实验，放出风筝把闪电引下来。他擅自动用家里的瓷餐碟当绝缘体，不慎把这套产自英国的名贵瓷器打碎了。老爸气得要命，这一回终于忍无可忍了。

朱赛普·马可尼决定制止儿子再干蠢事。

他把马可尼喊来，当着全家人的面宣布：马可尼必须停止一切实验。

"从今天起，你搞的那些破玩具，我看见一件就捣毁一件。"爸爸还下达了"必杀令"。

"听见没有，你的那些东西要收起来。"安妮提醒儿子。

"那些不是玩具，是我的发明。"马可尼辩解道。

"你以为当发明家这么容易呀！真是异想天开。"老马可尼训斥道。

"爸,我觉得古列尔莫有想法,这是好的。"阿方索替弟弟说情。

父亲转念一想,对马可尼说:"你要是能考上博洛尼亚大学,我就同意你搞实验。"

也许老马可尼说的是真心话,也许是激将法。不过小马可尼却当真了,他向李奇教授求助,恶补了三个月的功课,然后义无反顾地报考了博洛尼亚大学。考试那天,母亲安妮亲自送马可尼走进校园,默默祝福儿子好运。

马可尼则是一脸的庄重,仿佛是去攻克梵蒂冈的城堡,颇有点破釜沉舟的气概。

可惜天不遂人愿,这一回他又重蹈了海军学校的覆辙。到了发榜之时,马可尼又是名落孙山。虽然博洛尼亚大学拥有"世界第一所大学"的桂冠,而且就在家门口,可是却和少年马可尼无缘。他毕竟只受过几年正规的学校教育,仅凭三个月时间临时抱佛脚是不会出现奇迹的。

自然他又挨了父亲一顿臭骂。父亲认为他痴迷那些"破玩具",荒废了学业,最后落得鸡飞蛋打。这一刻,马可尼的人生跌到最低点。他泪眼汪汪,无话可说。所幸的是,母亲安妮是他的同盟军、保护伞和坚强后盾,哥哥也是他的支持者。李奇教授雪中送炭,告诉他只要有需要,博洛尼亚大学图书馆的大门永远为他敞开着。马可尼颇受感动。

为了躲避父亲的责骂,马可尼在庄园里找到一个隐秘地点作为他的实验场所。马可尼躲在里面,继续捣鼓他的那些小发明。每当实验有成果时,他会喜不自禁地报告给母亲。安妮对他的电学实验虽然一窍不通,但见到儿子的成就高兴不已。不过,这时马可尼的探索目标还不是很明确。他只是隐约地感到,一个刚破土而出的崭新的科技领域正展现在眼前,大有可为,那就是无线电报。

在博洛尼亚大学图书馆里,有许多关于电报和海底电缆通信方面的文献,包括历年的学术论文、报告以及新闻报道。马可尼看了这些资料,大开眼界。这

个少年业余发明家强烈地感觉到,这正是自己奋斗的方向……

1837 年莫尔斯发明了电报,揭开了人类通信史上崭新的一页。莫尔斯本来是个画家,有一次他乘"萨丽号"轮船返美时,在船上听到有关电磁铁的科普讲座,受到鼓舞,于是半路出家研究电报。七年后,莫尔斯实现了从华盛顿至巴尔的摩之间的电报通信。他用一连串的"点""划"电码发出了历史上第一份电报,报文为:"上帝创造了何等的奇迹!"

此后,莫尔斯的发明迅速风行全球。1850 年,在英法之间的多佛尔海峡成功铺设了海底电缆,使英国和欧洲大陆实现了电报通信。1866 年,经过 10 年坚苦卓绝的努力和无数次失败,在英国科学家汤姆生的主持下,成功铺设大西洋海底电缆。它和电报一样,成为人类通信史上一座新的里程碑。因为这一功劳,汤姆生后被英国政府册封为"开尔文勋爵"。虽然海底电缆的铺设工程浩大,耗时耗力,需投入巨资,电缆的保养和维修也是个大问题,但是到了马可尼生活的时代,电报线路已经遍布欧美,有的埋在地下,有的架在空中。它们和海底电缆连接起来,形成了远距离洲际通信网络。

满世界都铺上了电线和电缆,地球仿佛被捆绑了起来。

年轻的马可尼梦想:能不能不用电线,在空中传递电报信号呢?

他从格里福内别墅顶楼的窗户,仰着脑袋向远处眺望,心中憧憬着:他发出电的信号,能够越过山丘,穿过田野、湖泊、森林和海洋,在空中展翅飞翔,传向远方,传到世界的每一个角落……

有一天,安妮看见儿子对着窗外出神,于是问道:"古列尔莫,最近看你老是发呆,究竟在想什么啊?"

马可尼两眼炯炯有神,用笔在纸上画了一张图,递给母亲。

安妮接过一看,上面是个长了翅膀的大写"E"字母,正飞越大海。

"让电带着信号飞越大海,地球的距离不就变近了吗?"马可尼向她解

马
可
尼

释说。

"这个想法真妙！"母亲很惊奇，"但是能实现吗？"

"妈妈，世界上没有不可能的事情。"马可尼回答说。

在里窝那的时候，马可尼认识了一位名叫马尔凯蒂的老人。他曾经当过报务员，到晚年视力衰退，看不清东西。马可尼常念些报纸或杂志给他听。在交谈中，马尔凯蒂发觉马可尼对电报很有兴趣，于是教他学莫尔斯电码。莫尔斯电码是莫尔斯在 1837 年发明的，它利用"点""划"和"间隔"（实际上就是时间长短不一的电脉冲信号）的不同组合，来表示字母、数字、标点和符号，用来传递信息，非常简便实用。全世界都通用。马尔凯蒂告诉马可尼，如何用手指操作莫尔斯电报键的手柄。收发电报时，发报员按时间的长短按下键，就会产生长短不同的"点""划"和"间隔"信号，经电路传输出去。收报端接到这种电信号后，便转换成嘀嗒声，嘀声为"点"，嗒声为"划"，供收报员收听抄报。例如 3 个"点"（嘀、嘀、嘀）代表字母"S"，3 个"划"（嗒、嗒、嗒）代表字母"O"，一点一划（嘀、嗒）代表字母"A"，等等。

少年马可尼很快就学会了收发莫尔斯电码。后来，老报务员完全失明了。但他传给马可尼的这一技能，对年轻人日后发明无线电帮助极大。

莫尔斯电码纪念章

几个春秋过去了，马可尼已长成一个小伙子。他具备了一个电子科学发明家所必需的知识储备和实干技能。

这个意大利年轻人仿佛已经准备好了，只等一声召唤，就冲向新科技的前沿。

1894 年春天，这一刻终于来了。4 月的一天，快满 20 岁的马可尼和哥哥一起去阿尔卑斯山旅游。在下榻的度假山庄里，马可尼捡到一本游客落下的电学杂志，上面有一篇德国物理学家赫兹的论文。马可尼读后，如获至宝。根据这篇论文可知，赫兹7年前就证明了世界上确实存在一种电磁波。

赫兹是德国青年物理学家，于1894年1月刚去世。赫兹的论文详述了他所做的实验，这些实验证明了英国科学家麦克斯韦预言的电磁波确实存在。这种电磁波以光速在空中传播，可以穿透真空、空气、液体和固体。

正如法国科学家巴斯德说的："机遇只偏爱那些有准备的头脑。"

在这一刻，马可尼立即想到，这个电磁波可以用于传递信息。利用这种波向远距离发送信号可以不需要线路，这就使许多电报完成不了的通信有了可能。利用电波能把信息传到遥远的地方，可以穿越城市、陆地、湖泊……甚至传到海上航行的船只上。

赫兹吹响了号角
hezichuixianglehaojiao

马可尼随即匆匆结束旅游，返回蓬泰西奥庄园。当天，他就骑着毛驴，急匆匆去拜访李奇教授。

马可尼与老师分享了自己读到赫兹论文的惊喜和激动。

李奇教授却回答他说这并不稀奇。赫兹电波对马可尼可能很新鲜，但对科技界人士来说，已是尽人皆知的事。自从1888年赫兹的实验结果公布以来，一些国家的科学家一直在研究它。他们研究出了更好的方法来产生和检测电磁波，而且能发出各种不同波长的波，可以构成一个电波的家族了。

"先生，如果用这些电波传送信号，不就可以实现无线通信了吗？电波可以载着信号，在空中展翅飞翔，传向远方，传到世界的每一个角落。"

马可尼说出了自己的梦想。

"这个想法很美妙，但真正要实现可能性不大。"李奇说。

李奇教授告诉马可尼，他几年来曾重复了赫兹的全部实验，并对赫兹的装置作了改进。他还发现赫兹电波在传播过程中存在衰减，所以传送的距离有限。这些话显示了李奇教授不愧是位研究赫兹波的专家，而马可尼只能算是一个痴迷的业余爱好者。李奇教授说，如果要增大电波的传送距离，需要巨大的电力来提高发射功率，并且要增加电波的波长。这在当时看来几乎是不可能实现的。

李奇的态度并不奇怪，就连赫兹本人曾经也是这个看法。

就在发现电磁波的第二年，赫兹曾收到一位朋友的来信，询问他能否用电磁波来进行通信联系，赫兹不敢肯定。这位朋友是一位工程师，名叫胡布尔。赫兹当时也没意识到自己的发现有重大的实用价值。作为一位物理学教授，他和麦克斯韦一样，主要是从事理论研究的。他探测电磁波的目的，是为了检验麦克斯韦的电磁理论，而对于电磁波的实用，他还来不及考虑。所以，他在给胡布尔的回信中说："如果要用电磁波进行信息传递，大概需要一面像欧洲大陆那样大的反射镜才行。"这个回答，等于否定了胡布尔的设想。

听了教授的话，马可尼有点沮丧，不过他并不死心。

马可尼骑着毛驴，一路颠簸地到博洛尼亚大学图书馆，查找有关赫兹波和电磁理论的资料。从法拉第、麦克斯韦和赫兹这些大师的专著和文章，到布冉利、洛奇、卢瑟福和特斯拉这些后继者的研究成果，他都千方百计找来研究。马可尼潜心钻研，从中得到诸多启发。他后来说："当我利用赫兹波开始做第一批实验时，我简直不能想象，一些著名科学家竟忽略了应用这些理论。"

法拉第1831年发现了电磁感应现象，用实验证明了线圈里的磁通量变化可产生感应电流，从而揭开了电和磁互相转化的辩证关系。法拉第的发现为近代电磁学奠定了基础。

法拉第凭直觉预见到,电磁感应是一种波动。14 年后,他在《关于辐射线的振动的思考》论文中,提出了光的电磁学。在这篇天才的论文中,法拉第定性地提出,电力线和磁力线的振动,可以产生光和其他辐射现象。他由此预言电感应和磁感应以波的形式向外传播,暗示了电磁波存在的可能。

法拉第的科学思想,后来由比他小 40 岁的英国物理学家麦克斯韦发扬光大。

在马可尼出生的前一年,即 1873 年,麦克斯韦写了一部《电磁学通论》,建立起完整的电磁理论。在这部巨著中,麦克斯韦总结了人类对电磁现象的研究成果,他用几个美妙的波动方程,概括了电磁的本质,包罗了电荷、电流、电磁和光等自然界的一切电磁现象的规律。整个世界有那么多复杂纷繁的电磁现象,但是没有一个能逃出这个方程组的约束。就像牛顿的三定律总括了天上地下的一切宏观运动现象一样,这个如此简短的方程组,可以用来描述一切电磁现象。一位奥地利物理学家赞叹它是"上帝的诗歌"。

在《电磁学通论》中,麦克斯韦大胆预见:世界上存在一种尚未被人们发现的电磁波,它看不见,摸不着,但却充满整个空间;整个世界无处不在的"光"也是一种电磁波,只不过它可以看见而已。

麦克斯韦的理论和预言,震动了整个物理学界。一些有远见卓识的物理学家奔走相告,为电磁理论的诞生热情欢呼。一批守旧的学究们却对此表示怀疑。他们摇着脑袋,望着天空直皱眉头:"世界上真有看不见又摸不着、玄而又玄的电磁波吗?"

麦克斯韦

赫　兹　　　　　　　　　　　赫兹和他的仪器（邮票）

1879 年冬天，48 岁的麦克斯韦在寂寞中去世。他死后，有更多的人认识到电磁理论的价值，他们开始寻找电磁波。

1888 年，德国青年物理学家赫兹经过反复实验，终于发现了电磁波。

赫兹把一根粗铜线弯成环状，在环的两端分别安上两个小金属球，球间的距离可以调整，这就做成了一个检测电磁波的电波环。赫兹给莱顿瓶充上电，然后把电波环置于几米远的一个位置。一切就绪，他通过一个金属隙让莱顿瓶放电，电荷通过金属隙迸射出耀眼的火花。在一瞬间，赫兹看见电波环的两个小金属球间有火花闪现！

"啊，电磁波！"赫兹不禁发出了惊叫。这就是人们怀疑和期待已久的电磁波！一股狂喜顿时传遍了他的周身，麦克斯韦的电磁理论终于被自己证实了。

正是莱顿瓶放电辐射的电磁波，被电波环接收到，从而激出了电火花。

赫兹的发现引起了轰动，人们把他"逮住"的电磁波称为赫兹波。

电磁波像春风一样吹遍了全球。世界上许多著名实验室，都争先恐后地重复着赫兹的实验。1891 年有位英国学者曾感叹道："三年前一点电磁波也没有，现在遍地都是电磁波了！"

不论是拥护还是反对电磁理论的人都很激动，很多人甚至从其他研究转向了赫兹的实验。博洛尼亚大学的李奇教授，就是其中一员。他重复了赫兹的所有实验，并发表论文阐述心得。只不过，他囿于传统观念的束缚，没有想到赫兹的发现具有不可估量的价值。

一些有远见的科学家意识到赫兹波的发现，不但在理论上有重大意义，而且在实用上也有很大的价值。工程技术人员更是被赫兹波吸引住了。

怎样利用这种奇妙的赫兹波呢？

一批又一批后继者投入到探索无线电的行列中，他们沿着法拉第、麦克斯韦和赫兹开辟的道路奋勇前进，形成了一支浩浩荡荡的大军。

赫兹在 1894 年 1 月 1 日，不幸死于败血症，终年不到 37 岁。整个科学界都为他的早逝而惋惜。赫兹的一生虽然短暂，但是他发现了电磁波及"光电效应"，在物理学上的功绩是永垂不朽的。

赫兹的发现为无线电发明家们登上舞台吹响了号角，他把从麦克斯韦手中接过的火炬，传给了更多的人。

群雄逐鹿
qunxiongzhulu

赫兹的实验，给无线电发明家们开辟了广阔的道路。在 1888 年以后的几年时间里，探索赫兹波的应用成了最激动人心的课题，各国研究用电磁波传送信息的人很多，形成了群雄逐鹿的局面。

研究赫兹波第一个取得成果的，是法国物理学家布冉利（1844—1940）。1890 年，他在重复进行赫兹实验时，无意中发现赫兹波使一个玻璃管里铁屑的电阻减小了。这个"铁屑效应"的发现对他很有启发。于是，他就根据"铁屑效应"的原理,来改进赫兹的接收器。

赫兹检测电磁波的电波环过于简单,实际上只相当于一个单匝线圈。电波环在感应到电磁波的时候,灵敏度是很低的。因此,赫兹的实验只局限在实验室里。

布冉利和他的检波器(邮票)

布冉利对赫兹的接收器改进以后,制成了金属屑检波器。他把装有细铁屑的玻璃管两头,都接上导线和电池。在没有电磁波的情况下,玻璃管里的铁屑是松散的,不能导电;当电磁波辐射到接收器上的时候,玻璃管里的铁屑被磁化而贴在一起,能够通过电流,这样就较好地起到检测电波的作用。同年,布冉利使用金属屑检波器,使电磁波的探测距离增大到 140 米。

1894 年,英国皇家学会会员洛奇(1851—1940)对布冉利的发明作了改进。洛奇,这个长着络腮胡子的教授,跟赫兹和开尔文勋爵都是朋友,早年就对

洛 奇

电磁波有相当的研究。他把金属屑检波器同继电器、打字机连接起来,组成了一台接收机。在实验过程中,金属屑受电磁波作用贴起来以后,总是不能恢复原来的松散状态。为了解决这个问题,洛奇专门设计了一个部件,能够自动敲击玻璃管,使金属屑及时恢复原状。洛奇利用这些改良的装置,于 1894 年 6 月 1 日在英国皇家学会表演电磁波实验。同年 8 月 14 日,又在牛津大学首次表演用电磁波传送莫尔斯电码,

传送距离有 200 多米远。洛奇的检波器在早期的无线电研究中发挥了巨大的作用。

洛奇是利物浦大学教授,他的教学工作十分繁忙,没有把自己的研究进一步应用到无线电报方面。但是,他在牛津皇家学会的会议上、在大学的讲坛上,多次作了关于检测电磁波的讲演,有力地推动了无线电的研究工作。

洛奇在英格兰进行实验的同时,远在太平洋中的新西兰岛上,坎特伯雷学院一个四年级的大学生卢瑟福,也在改进布冉利的检波器。

卢瑟福当时 23 岁,正在准备理科学士学位的考试。尽管坎特伯雷学院设备简陋,但是要求很严格,学生要通过学位考试,一定得写出有独创见解的论文才行。卢瑟福选择的是《赫兹波的研究》,他的指导老师是比克顿教授。理化楼有个简陋透风的地下室,学生们称之为"小破棚",平时只用于挂衣帽。卢瑟福就把这间小破棚当成实验室,用最简单、便宜的材料,自己制造所需的仪器。在实验中,他对布冉利的检波器不大满意,就动手进行改进。经过半年多的努力,他采用高频电流使铁针磁化的办法,巧妙地制作了一种磁性检波器。这种检波器,是一个中心放着一束磁化过的细钢针的线圈。当电磁波到达线圈时,线圈的感应作用可以使钢针暂时失去磁性,从而达到检测的目的。比起布冉利的金属屑检波器,卢瑟福的磁性检波器灵敏度要高得多。

卢瑟福在 1894 年的《新西兰协会学报》发表了研究论文《用高频放电法使铁磁化》。这篇论文引起国内外科学界的注意,卢瑟福因此获得了理科学士学位。世

青年卢瑟福

界各国的科学家都知道了卢瑟福的名字。不少人相信,这位陌生的新西兰青年学者,将是最有希望的无线电发明家。这一年,卢瑟福还在一座 18 米长的工棚里进行了电磁波收发表演。有人把这次表演中收发的信号,称为"越过新西兰上空的第一份无线电报"。卢瑟福比洛奇小 20 岁,当时很多人都认为他最有希望发明无线电。

美洲大陆也不甘落后。1893 年,纽约一个面庞清瘦、目光炯炯有神的中年电学家特斯拉(1856—1943)发表了电磁波接收的调谐原理,并且用无线电波启动了远处的电灯开关,点亮了 10 米远的一个电灯。特斯拉是一个科学奇才,也是一个怪杰,他的性情古怪,行为乖张,终身未娶。他是交流电和工业电气化的先锋,发明了旋转磁场、感应电机、太阳能发电机、冷光灯、电子钟、机器人和电子治疗仪等,一生有 700 项专利,在机电工程、无线电工程、流体工程、低温工程、地球物理和真空技术等领域均有前瞻性的发现,被称为"科学超人""为地球通电的人""发明了 20 世纪的人"。

特斯拉和他的无线照明

特斯拉是美籍南斯拉夫裔人,20多岁的时候发明了感应电机。他在欧洲找不到支持者,就变卖了自己所有的东西作路费,1884 年来到美国。他先是给爱迪生打工,后因与爱迪生的观点分歧,屡受打压,愤而辞职,自立门户。他精通 8 种语言,博学多才,思维敏捷,朋友们称他是"当代的达·芬奇"。在赫兹发现电磁波的那年,特斯拉倡导使用交流电,掀起了一场电气革命,并且最后战胜了主张使用直流电的赫赫有名的对手爱迪生。1893年前后,特斯拉对无线电传送信息产生了兴趣,做了很多关于遥控方面的实验,比如点亮远处的电灯和驾驶快艇模型等等。虽然这些实验对后来的一些无线电发明家没有直接影响,但是预示了无线电广播和新闻传真的可能性。

在探索赫兹波的应用,向无线电进军的行列中,除了布冉利、洛奇、卢瑟福和特斯拉4个著名人物以外,还有很多名不见经传的探索者。虽然他们没有惊人的发现,但是他们每一个微小的成功和失败,都是后人借鉴的宝贵经验。

在科学的征途中,谁不辞辛劳,谁就有希望达到终点,谁善于吸取和总结前人的经验,谁就能够得到成功。马可尼和波波夫就是这样的佼佼者。

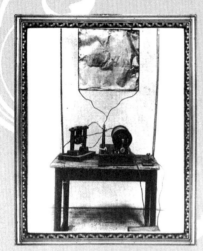

KEXUE JUREN DE GUSHI

崭露头角

雄心勃勃的迟到者

xiongxinbobodechidaozhe

中国有句古话："临渊羡鱼，不如退而结网。"

马可尼了解到布冉利、洛奇、卢瑟福和特斯拉这些人取得的成绩，按捺不住心头的激动，决定奋起直追。他虽然是迟到者，但雄心勃勃，不甘落人之后，下决心要超过他们。

马可尼把自己的打算告诉了母亲，安妮对儿子的行为坚决支持。

"你需要什么帮助尽管讲。"她说。

"我需要一个像样点的实验室，还要一些钱买器材用。"马可尼实话实说。

"让我想想办法。"

安妮瞒着丈夫，在别墅顶楼找了间储藏杂物的房间，作为马可尼的秘密实验室。这间屋子原来堆放着一些养蚕的扁筐，很少有人进来。安妮叫马可尼把扁筐摞起来堆在屋角，在屋子中间清理出一块地方，摆放实验桌和实验所需的其他东西。推开桌子旁边的窗户，可以看到花园里的玫瑰和远处的群山。马可尼在这张小长桌前度过了少年时代的许多日日夜夜，他经历了很多次失败。父亲常常嘲笑他是个"不切实际的空想

马可尼的顶楼实验室

家"，他却毫不气馁。买器材需要钱，安妮也想办法给儿子凑齐。马可尼用这些钱买来玻璃瓶、锡箔纸、铜导线、伏打电池和金属板等实验器材。当然，这只能算是启动资金，搞实验花销很大，后续的经费只有到时候再想办法了。

一切准备就绪。就在这个简易实验室里，马可尼开始了他的伟大事业。

他整天躲在自己的小天地里，动脑筋设法将自己的构想付诸实施。他的第一个步骤是重复赫兹的实验。

马可尼把莱顿瓶里的金属棍连上导线，再通过一个开关和电池，将导线连在两块立着的黄铜板上，两块铜板之间留出一个很窄的间隙，形成火花隙。他的"发射机"就大功告成了。

他在几米远的地上，放上一个用铜导线弯成的电波环，中间留了很小的间隙，这就是他的电波检测器，或说是"接收机"。赫兹当初使用的就是这种电波环。这种简单的仪器连5岁的孩童都会做，但想到用它来探测电磁波的人，却实在是个天才！

马可尼在莱顿瓶里装上水，然后接通开关和伏打电池，让莱顿瓶放电。只见两块黄铜板的间隙，顿时迸射出一串细小的火花。

他目不转睛地盯着几米远的电波环，环上的火花隙却没有火花闪现。

"这是怎么回事呢？"马可尼感到诧异。

赫兹实验是可以重复的。为什么自己却不成功呢？

他重试了几次，依然如此。

问题究竟出在哪里？马可尼坐在实验台前，苦思冥想。最后他想：会不会是莱顿瓶的储电量不足，致使莱顿瓶放电时迸射的火花太弱？

于是，他把几个莱顿瓶并联起来，换上更大的伏打电池，重新进行实验。

但是，电波环的火花隙仍然毫无动静。

一连几天，马可尼都没有收获。

马可尼有点失望。"也许不是电波发射的问题。"他一边琢磨,一边拿起地上的电波环检查。他试着把环掰得更圆些,再把两端间隙距离尽量调小。然后,他又接通电源让莱顿瓶放电,电波环仍然没有反应。

马可尼仍不死心。他皱着眉头,在屋里来回徘徊,心里默默念叨:"赫兹能成,我也能成! 赫兹能成,我也能成……"

蓦然,他的视线落在屋角的一堆杂物上,两眼不由一亮。扁筐堆的旁边露出一块厚厚的帆布,上面积满灰尘。马可尼隐约记得,有一篇介绍赫兹生平的文章说,赫兹最初是受萤火虫的启发,在一间黑屋子里检测到微弱的电火花的……

好一个聪明的赫兹! 马可尼立即扯出帆布,掸了掸灰尘,然后用它把房间的窗户遮住。顶楼实验室顿时变成了暗室,房间里影影绰绰,黑咕隆咚的。

马可尼摸索着,小心翼翼地重复先前的实验。

他接通电源,在莱顿瓶放电的瞬间,两块黄铜板的间隙迸射出耀眼的火花。一刹那,只见几米远处电波环的两隙之间仿佛有火花闪了一下。

马可尼抑制住内心的惊喜,再次接通电源实验。他定睛细看,电波环的两隙间并没有火花出现。难道刚才是眼花了?

马可尼继续再试,电波环像是在和他捉迷藏,一会儿似乎隐约有火花闪现,一会儿却什么也没有。为了看个究竟,马可尼不断缩短电波环和莱顿瓶的距离,从 5 米减到 3 米,再从 3 米减到 2 米、1 米,最后索性把电波环摆上实验台,距两块黄铜板只有几厘米远。

他再次接通电源,在莱顿瓶放电的瞬间,两块黄铜板的间隙迸射出耀眼的火花。在这一瞬间,近旁电波环的两隙明显有火花闪现!

马可尼再试,电波环两隙间再次有火花闪烁。

他终于明白:原来是距离在作祟! 距离远了,电波环检测不到微弱的电波

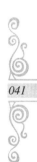

信号。而在几厘米的距离,他完全复制成功了赫兹的实验。这给马可尼莫大的鼓励,虽然通信距离只有可怜的四五厘米而已。这令马可尼兴奋不已。

门铃响了
menlingxiangle

一连几天,吃午饭时餐桌上都看不到马可尼的身影。

朱赛普·马可尼感到奇怪。

"古列尔莫这小子去哪儿了?"他问。

安妮喝着杂菜汤,假装没有听见。

"阿方索,你知道古列尔莫去哪儿了吗?"朱赛普问大儿子。

"他……"阿方索嘴里嚼着肉酱饼,欲言又止,安妮急忙给他使了个眼色。

"他最近好像有点忙。"阿方索含糊其辞道。

"又在忙什么?"朱赛普板着脸,不悦地说,"还在搞那些异想天开的玩意儿吧?"

"早晨我还看见古列尔莫了,"安妮替儿子打掩护说,"也许去李奇教授家借书去了。"

"李奇老先生总不会提供免费午餐吧。"他有些不相信。

安妮用手帕擦了擦嘴角,笑而不语。

"都20岁的大小伙子了,整天不干点正事。"朱赛普数落起来。

"古列尔莫有自己的爱好,也是好事。"阿方索为弟弟说话。

"整天连个人影都见不到,是什么好事呀?"

"这几天我看见他印堂发亮,满面红光,就像中了头彩似的……"阿方索无意中透露了一句。

"他要真是捡到了金娃娃,就在大家面前亮个相嘛。"爸爸挖苦了一句。

"金娃娃倒是没看他捡到,"安妮接过丈夫的话茬,眼里含着神秘的微笑说,"古列尔莫捡到的,说不定比金娃娃更值钱呢。"

"你说的是真的?"朱赛普·马可尼从妻子的话里听出了点不平常的信息。

"我也是瞎猜的,到时候就知道了。"安妮说。

其实,她知道小儿子的行踪。这些天,马可尼一直躲在顶楼实验室里,废寝忘食地钻研如何改进赫兹的实验。

1894 年秋天,经过多次的失败,马可尼终于迈出了可喜的第一步。

为了提高电波传递的距离,马可尼对发射装置进行了改进。他采用了一种新的发射装置,比莱顿瓶效果好。这是李奇教授研究赫兹实验积累的经验,老先生毫无保留地告诉了他。这个发射装置的核心是一个感应线圈,可以感应强大的电力,从而增加电波发射的功率。

说起来,发明感应线圈还是法拉第的功劳。正是在感应线圈的基础上,法拉第才发明了第一台发电机。

马可尼根据李奇教授的提示,在一根缠着绝缘布的铁棒上绕上若干圈铜导线,然后在第一层线圈(即初级线圈)上再绕上第二层线圈(又称次级线圈)。两层线圈之间是绝缘的。这样就绕制成了一个感应线圈,看上去就像一个大圆滚筒。马可尼把感应线圈的初级线圈和莫尔斯电报键、电池连在一起,再把次级线圈同金属球火花隙连在一起,这样一个新的发射机就做成了。只要按下莫尔斯电报键,初级线圈接通电源,次级线圈会感应很高的电压,金属球火花隙就会进出火花,从而发射电波。

马可尼用电波环作接收器进行实验,逐渐增大电波环离发射机的距离,到1 米远处,电波环两隙间仍能看见火花闪烁。可是,再放远一点就不行了。这说明用电波环来检测电波,灵敏度太低了。

马可尼决定淘汰电波环,采用灵敏度更高的检波器。他自然想到了那位法国的先行者——布冉利教授。

马可尼从资料上查到,布冉利发明的金属屑检波器,是一种装满金属屑的玻璃管,两端接上导线和电池。在没有电磁波的情况下,玻璃管里的金属屑是松散的,不能导电。当电磁波辐射到接收器上的时候,玻璃管里的金属屑被磁化,会粘在一起,能够通过电流,起到检测电波的作用。资料上说,布冉利教授使用这个小东西,在140米远的地方检测到了电波。

布冉利的金属屑检波器,玻璃管内装的是铁屑。马可尼如法炮制,用细玻璃管和铁屑,制成了金属屑检波器。他把金属屑检波器和一个蜂鸣器以及电池连在一起,新的"接收机"就制成了。一旦检波器里的铁屑被电磁波磁化粘在一起,就会导电,蜂鸣器就会发出鸣响。比起察看电波环两隙间的火花来,这更加准确可靠。

马可尼把感应线圈、莫尔斯电报键、伏打电池和金属球火花隙连成发射机,安放在实验台上,然后在屋角摆好金属屑检波器、伏打电池和蜂鸣器。他用脚步丈量了一下,两处相距约有 5 米。

马可尼端坐在实验台前,操作发射机。他屏声静气,按下莫尔斯电报键,感应线圈里产生了强大的电流,只见金属球间隙迸出强烈的火花。这意味着它产生的电振荡以波的形式向四周发射……

一刹那,屋角的金属屑检波器好像抖了一下,蜂鸣器突然嘟、嘟、嘟叫了起来!

马可尼又惊又喜,激动不已。

他再次按下电报键,蜂鸣器又叫了起来。

马可尼兴奋地重新检查了一遍实验台上的装置,包括伏打电池和连接的导线,都正确无误。他再一次按下莫尔斯电报键,蜂鸣器又一次叫起来。

他一次又一次地尝试,仿佛要让自己确信这个事实千真万确,可以永远重复似的。

这时已是午夜时分。马可尼抑制不住内心的激动,跑到楼下向母亲报喜。安妮正在熟睡中,马可尼摇着她的手臂,悄悄地把她唤醒,然后急忙领着母亲来到顶楼实验室。

马可尼让母亲站在房中央,自己走到实验台前,操作发射装置。他比了个手势,示意母亲留意听。然后,马可尼用手指按下莫尔斯电报键,电源接通了,房子角落里立即传出嘟、嘟、嘟的叫声。

安妮非常惊奇,循声望去,看见安放在角落里的电池和蜂鸣器,还有一个黑黢黢的玻璃管,不知是干什么用的。

马可尼得意扬扬,向她解释说:"妈妈,那是接收机,只要接收到电波信号,蜂鸣器就会叫起来!"

"儿子,你成功啦!"安妮替他高兴。

"这只是实验的第一步。"马可尼回答。他的目标是要让电波一次比一次传得更远。可喜的是,他已经迈出了重要的一步。

马可尼不断改进他的装置,继续做实验,电波的传递距离不断增大。几个星期以后,电波信号已能够穿过走廊,传到楼顶的另一个房间。

这时候,马可尼觉得可以公开展示自己的成绩了。

他把接收机的部件稍微作了调整,把蜂鸣器换成了电铃。这个电铃就是安在他家门口的门铃。电铃的响声听起来比蜂鸣器清脆响亮,效果更佳。马可尼悄悄把金属屑检波器和电池放置在别墅大门内,再用导线与门铃连起来。当金属屑检波器接收到电波信号,电路接通,门铃就会响起来。

准备工作是瞒着父亲暗中进行的,马可尼事先给母亲通了气。等小儿子一切准备就绪,安妮告诉丈夫,今天家里有精彩表演。

"什么表演啊？"

"正午 12 点，咱家的门铃会响。"

"这有什么奇怪的？喊个仆人 12 点整按门铃，不就得啦。"

"我说的是门铃会自动响起来。"

"自动响起来？天上又没有雷雨。"朱赛普想起小儿子上次的行为，半信半疑地说，"我倒要看看。"

于是，朱赛普·马可尼端坐在客厅里，喝着香茗，等着奇迹发生。安妮和阿方索坐在一旁作陪。母子俩面带微笑，心照不宣。

客厅里有一座花梨木落地钟，玻璃橱内的黄铜钟摆缓缓地摆动着。时间一分一秒过去了，朱赛普气定神闲，看上去若无其事，他并没有把妻子的话当真，只当是做个游戏。

当座钟的指针指到 12 点时，果然，门铃响声大作。

朱赛普霍然起身，上前推开大门，可是门外连个人影也没看见。

"这倒真是奇了！"他一脸的困惑，回头瞧了安妮一眼。

安妮笑眯眯地走过来，向他指了指门后的角落。朱赛普定睛一看，发现那里藏着一个伏打电池和玻璃管，用导线和门铃连在一起。

"这是古列尔莫的接收机，"阿方索向爸爸披露了弟弟的秘密，"它一接收到电波，门铃就会响。"

"啊！原来是这么回事。"朱赛普恍然大悟，面露喜色。

"这小子人呢？"他问。

"他在顶楼上，正在操作他的发射机，发射电波信号。"阿方索回答说。

"走，瞧瞧去吧。"安妮动员丈夫上楼。阿方索也跟在后面。

朱赛普来到顶楼的储藏屋，发现这里早已成了马可尼的实验室。靠窗的小长桌是个实验台，上边摆着一台简陋的收发报装置。

安妮叫儿子当场表演。马可尼一按莫尔斯电报键，从楼下客厅里就传来一阵铃声，而楼上和楼下并没有导线相连。这是马可尼第一次当着父亲的面演示无线电信号传送。母亲看见儿子的研究有了成绩，高兴得嘴都合不拢了。

朱赛普亲眼看见"空想家"搞出点名堂来了，以前憋在肚子里的火气和不满都抛到了九霄云外。

他拍着马可尼的肩头，夸奖了一句："你小子果然捡了个金娃娃啊！"

从这以后，父亲慷慨解囊，拿钱出来给他买实验器材，让他专心搞实验。马可尼再也不用偷偷向母亲要钱了。

报信的枪声
baoxindeqiangsheng

马可尼初战告捷，信心倍增。他相信只要对收发装置作进一步改进，就能让电波的传送距离更远。他下一个目标是把传送距离增大到 140 米，要赶超布冉利教授的纪录。

马可尼把金属屑检波器、伏打电池和电铃组装在盒子里，装成一个可以携带的接收机。他在别墅花园的草地上布置好接收机，位置正好对着顶楼实验室的窗户，距离约有一箭之遥。

马可尼动员哥哥阿方索给自己当助手，蹲在接收机旁边监测电铃。他向阿方索交代说："如果你听见电铃响，就朝我挥动小白旗。"

然后，马可尼直奔顶楼实验室。阿方索真是个好哥哥，竟然乐意给比自己小 9 岁的弟弟跑腿当差，当实验助手。

一切准备就绪，马可尼按下发射机的莫尔斯电报键，探出脑袋向窗外张望。只见阿方索手里捏着小白旗，蹲在原地毫无反应。

马
可
尼

马可尼冲着草地大喊："阿方索,电铃响了吗?"

阿方索抬起头,大声回答:"没有响啊!"

"怎么搞的呀?"马可尼纳闷。

"你再按电报键试一试。"阿方索向马可尼挥手示意。

"好的,你留意听!"

几个在花园里干活的工人,闻声围过来看热闹。

马可尼检查了一遍发射装置,确认连接无误。然后,再次按下莫尔斯电报键。在花园的草地上,阿方索蹲在接收机旁,屏声静气地等着,但电铃仍然不见动静。

马可尼的脑袋又出现在窗口。

"阿方索,响了吗?"他大声地喊道。

"没有响。"阿方索回答。

格里福内别墅(三楼右边为顶楼实验室窗户,窗下有白色纪念铭牌)

他反复试了好多次,都徒劳无功。阿方索手里的小白旗,一次都没有举起来,更不要说挥动了。这说明一个事实:接收机确实没有收到电波信号。

很显然,不是发射机辐射功率不够,就是接收机灵敏度太低。

马可尼一溜烟跑下楼,直奔花园的草地。阿方索和几个工人正守候在接收机旁。马可尼匆匆地向他们点头致意,然后仔细检查了一下接收机的各个部件,都没发现问题,连线也是正确的。在无意间,马可尼感觉检波器有点不顺眼,这是一种直觉。他蹲下来仔细检查,发觉检波器里的铁屑疏密不匀,有一些粘在玻璃管内壁上。以前实验时他也发现过这个现象,但没有引起特别注意。

马可尼立即思索:问题会不会出在这里呢?

检波器是接收机的关键,直接影响接收的灵敏度。金属屑检波器里的铁屑不均匀,会直接影响检波器性能的稳定。

马可尼抱起接收机盒,对阿方索说:"哥,收工! "

"怎么,今天不试啦?"阿方索还不甘心。

"我要再进行点改进。"马可尼说。

"好吧。"

"少爷,你这是在做什么实验?"工人好奇地问。

"无线电! 我要让电波信号从空中传过花园,再传过整个蓬泰西奥庄园。"马可尼回答说。

"啊,少爷,这能行吗?"

"能行,大家等着我的好消息吧。"

在接下来的日子,马可尼反复实验,潜心研究,对布冉利金属屑检波器进行了重要改进。马可尼舍弃了布冉利检波器里的铁粉屑,换成不同的金属材料,并用各种方法获得颗粒更细、更均匀的粉屑,并一一进行实验。

冬季漫长的几个月过去了。经过无数次探索和实验,马可尼找到了检波器

金属屑的最佳材料,即 95% 的镍粉再加上 15% 的银粉。把两者碾细后均匀混合在一起,装在检波器里,对电波的反应最灵敏。

马可尼还改进了金属屑检波器的结构,他在玻璃管的两端装了两块银质接线块连接导线,在接线块中间的空隙里装满镍粉和银粉。由于金属银具有良好的导电性,检波器接收的灵敏度因此得到更大提高,性能也更稳定。马可尼还把检波器玻璃管抽成真空,进

马可尼的接收机就装在这个黑匣子里

行密封。这样一来,他的金属屑检波器的灵敏度得到进一步提高,金属屑能检测到真空里最微弱的电波感应。

1895 年的春天来临了。马可尼使用改进的金属屑检波器接收机,在格里福内别墅花园里进行了一次非常精彩的电波传递信号实验。

实验地点和上次一样,并且仍然是哥哥阿方索给他当助手。围观的人比上次多了一倍,大家都想一睹古列尔莫少爷的无线电发明奇迹。

马可尼在顶楼实验室坐镇。他调整好发射装置,胸有成竹地朝窗外望了望。阿方索和围观者站在接收机旁边,正翘首期盼。

一切准备就绪,马可尼按下发射机的莫尔斯电报键,探出脑袋向窗外张望。只见阿方索举起手里的小白旗,向他挥动起来。

"成功啦!"马可尼喜不自禁。

他冲着草地大喊:"阿方索,电铃响了吧?"

"响啦!"阿方索高声回答。人群顿时沸腾起来。

接下来,马可尼叫阿方索把接收机移到 200 米远的地方。

在顶楼实验室,马可尼按下莫尔斯电报键,然后从窗口看去,只见在草地边缘处,阿方索在挥动手中的小白旗。

马可尼大喜,这表明电波信号穿过了草地。

随后,阿方索一点点把接收机往更远的地方移动,接收机依然能收到电波信号。电波的传送距离,一直增加到 300 米远。阿方索再增大接收机放置的距离,电波就接收不到了。

马可尼创下了电波传送 300 米的纪录,已经超过两位无线电前辈布冉利和洛奇教授。但马可尼并不满足,他又向更远的纪录发起了冲刺。

马可尼对自己的金属屑检波器再次进行改进。在多次实验中,马可尼发现,有时检波器受电波作用聚集以后,不能马上恢复原来的松散状态,这会影响检测电波的灵敏度。于是,他借鉴洛奇教授的经验,在接收机装置中安装了一块电磁铁。只要电流通过金属屑检波器,这个电磁铁就会吸引一根装有一只小锤的细软铁棒,当小锤轻轻敲击金属屑检波器的玻璃管时,金属屑马上就恢复成松散状态。马可尼把这个装置称为"散屑器"。

虽然这是个小小的改革,效果却非常显著。电波传送的距离一天比一天远,马可尼喜出望外。夏天到来的时候,马可尼的实验获得了突破性的进展。

由于传送距离增加,接收机的位置已经可以到达马可尼的视线之外,远至隔着一座小山冈的地方,打旗号根本看不见。马可尼和哥哥约好,收到电波以鸣枪为号。于是,阿方索身挎猎枪,把接收机放置在小山坡另一侧的树林里。有个年轻人给他当随从。这个地方离格里福内别墅大约有 1 千米远。

发射机仍然放置在别墅的顶楼实验室里，马可尼从窗口探出脑袋，眺望了一下远处的小山坡，他的接收机就在山坡后的树林中。电波能传到那里吗？他充满希望，但又不能确定。

一切准备就绪。马可尼向山坡方向投去最后一瞥，然后小心翼翼地按下莫尔斯电报键。他凝神倾听，四周死一般的寂静。正当他感到失望时，一声枪响从山坡方向传来，清脆悦耳，悠悠回荡。这响声对马可尼来说比动人的交响乐更悦耳动听。

声波在空气中的传播速度为每秒340米，他按下电报键后，大约延迟了3秒才听到枪声。这意味着，鸣枪的地点约有1020米远！马可尼不由大喜，他意识到自己创下了电波传送的新纪录。

马可尼平复了自己的情绪，再次按下莫尔斯电报键，然后凝神倾听。3秒钟之后，一声枪响又从山坡那边传来，穿过树林，越过葡萄园，清晰地传到自己的耳中……

这枪声标志着无线电时代的开始。如今在那个接收点还有一个水泥十字标志，记录了这历史性的一刻。

马可尼激动得热泪盈眶，不禁欢呼雀跃。

电波越过山丘
dianboyueguoshanqiu

在马可尼不断改进装置使电波传送距离越来越远时，有不少研究者也在实验室或演讲厅里取得了实验成果。但是他们的研究课题大多偏重于理论，关注的是探究电磁波的特性，诸如电磁波是如何反射和折射的、它为什么会产生衍射及偏振，还有它和光及热辐射的关系等等。他们进行实验的目的，是为理论提供数据,将研究成果写成论文,再公开发表或在学术会上宣读。总之,他们是在做学问。

马可尼和这些专家、学者有很大的区别。作为一个业余无线电发明家,马可尼关注的不是理论,而是实践。他从一开始目标就非常明确:让电波传得更远,并用它来传递信号。正像他对李奇教授说的:"如果用这些电波传送信号,不就可以实现无线通信了吗?电波可以载着信号,在空中自由传送,传向远方,传到世界的每一个角落……"

他的全部热情和所有努力,都朝向这个目标。虽然他起跑比别人迟,但却跑到了最前面。

1895年9月,马可尼的实验又获得了很大的进展。

他对火花隙发射机进行了改进,一是增大感应线圈的辐射功率,这样可使电波辐射得更远。另外,他在发射机上装了四个金属球,两个金属球形成火花隙,又用铜棒把金属球连起来。他把外边的两个金属球,再连上一块正方形薄铁板,作为电波发射的天线。这块正方形薄铁板是马可尼用一个展开的煤油桶制作的,看上去一点也不起眼,但却有意想不到的效果。发射机连上此天线后,信号变得非常强烈,电波传送距离陡然增加了几百米!

天线的这种奇特作用是马可尼的意外发现,他本来是把薄铁板置于发射机的后面,用于反射电波的,这样可增强电波向前面辐射的强度。有一次,马可尼手里拿着薄铁板,不经意间和火花隙式铜棒碰在一起,结果信号突然变得很强。

马可尼非常兴奋。他索性用导线把薄铁板连着铜棒,再把薄铁板举过头,信号突然变得更强。马可尼喜出望外。他反复进行实验,发现正方形薄铁板的面积越大,离地面距离越高,信号传送得越远。实验时,他在接收机上也安上天线,接收机的灵敏度明显增强。1895年马可尼在蓬泰西奥庄园使用的无线电

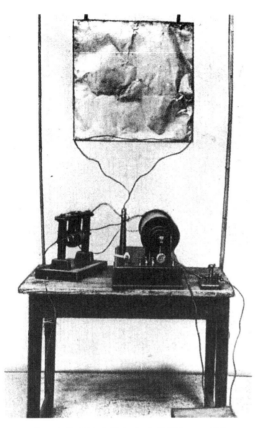

马可尼使用的无线电实验装置（1895 年）

实验装置,发射距离超过 2 千米。由左图可以看出,工作台的右边是感应线圈和莫尔斯电码键盘,连着地上的电池。工作台左边是金属球火花隙,用导线连着感应线圈的次级。工作台上方的正方形薄铁板就是天线。

蓬泰西奥庄园满目秋色。田野里一派丰收景象,葡萄熟了,远方山丘的树林点缀着橙色、金色和红色。

马可尼的实验向着纵深地进军。每天,哥哥阿方索都戴顶鸭舌帽,挎着猎枪,在田野和树林里跋涉,把实验地点一步步向远方推进。一个瘦高的青年工人抱着发射机,紧跟在他后面。另一个胖花匠则扛着接收天线殿后。这三个人的队列成为蓬泰西奥庄园的一道风景线。路过的外村人还以为他们要进森林去打猎呢。庄园的农夫们都知道,这是古列尔莫少爷在进行他的无线电发明实验。马可尼的实验成了大家讨论的热门话题。

"听说电波已传到山脚下的葡萄园了。"一个伙计说。

"电波能翻过山丘吗?"另一个伙计念叨。

"我看能行,古列尔莫少爷说,天下没有办不成的事。"

几天后,阿方索把接收点选在山丘的另一侧,那个地点距离格里福内别墅约有 2 千米。

发射机放置在格里福内别墅顶楼的实验室。马可尼从窗口远望，隐约看见他们的身影翻过山丘，消失在山脊后面。

他静静等待了几分钟，估计哥哥他们已经各自就位。然后，马可尼按下了莫尔斯电报键。他侧耳聆听，大约过了 8 秒钟，从山谷里传来一声悠长的枪鸣声，由远及近，久久回荡。

实验成功了！一股热流涌上马可尼的心头，他沉浸在成功的喜悦中。

在这次成功的实验中，马可尼把电波的传送距离扩大到了 2.7 千米。史料显示，这是 1895 年全球无线电信号传送的最远距离，尽管它不是公开实验的纪录。如果当时举行无线电爱好者和发明家电波传送的世界大赛，马可尼稳拿冠军。

马可尼渴望进一步进行实验，使自己的发明能够得到应用。这需要大笔的经费和政府的支持。于是，马可尼写信给意大利邮政部请求资助，并表示愿意把这项发明捐献给祖国。父母亲都很支持儿子这样做。

信发出后，马可尼满怀希望地等待回音。几个星期后，邮政部给马可尼回复了一封简短的便函，拒绝了他的请求。当时的意大利政府正热衷于开发陆上电报和海底电缆，对马可尼的发明不感兴趣。据说一个邮政部官员取笑说："一个 21 岁的博洛尼亚小子说，他发明了不用导线通信的无线电，这简直是天方夜谭！"

马可尼读了回信后，大失所望，情绪受到很大打击。

阿方索很理解弟弟的心情，大骂意大利邮政部的官僚主义："这帮鼠目寸光的家伙，全是不学无术的官僚。"

母亲安妮替儿子打气，叫他不要气馁。

"也许你去英国会有更多机会。"她说。安妮在英国的娘家有许多亲戚，人脉颇广，其中有人和工程技术界的人士熟识，所以母亲主张马可尼去英国

发展。

父亲也表态说:"不妨去那里碰碰运气"。

于是,1896年5月,安妮和马可尼母子二人带着一大批器材,起程去英国。

为了使无线电能够有实用价值,能够为大众服务,22岁的马可尼告别故乡,踏上了新的征途,这是决定他一生事业的关键一步。

赴英国发展

 **波波夫捷足先登**
bobofujiezuxiandeng

就在马可尼乘船赴英国前两个月，37 岁的俄国发明家波波夫登台亮相，在俄国物理化学年会上演示了用无线电传递莫尔斯电码。波波夫的表演引起了轰动。虽然通信距离只有 250 米，但却是世界上的第一份无线电报。

消息传来，马可尼对波波夫心生敬意，同时自己又有一种紧迫感。

"不能落后，我一定不能落后！"马可尼暗自告诫自己。

波波夫

波波夫于 1859 年 3 月出生在俄国乌拉尔一个矿区的小镇上。父亲是个牧师。波波夫小时候爱到矿上去玩，矿场的一切都使他感到新奇。他很小就学会了木工技术，能够制作好玩的水磨机械模型。12 岁那年，波波夫表现出对电工技术的热爱，自己做了电池，还用电铃把家里的钟改装成闹钟。小学毕业以后，父亲把他送进神学学校读书，是为了让他将来进神学院深造。但是，波波夫却对物理和数学最感兴趣，这两门功课的成绩都很出众，连校长也感到惊异。

1877 年，18 岁的波波夫考进了彼得堡大学数学物理系。在大学，他学习非常刻苦。家里供不起他上学，他就在晚上担任家庭教师，有时还给电灯公司当电工，靠半工半读来维持学习。

在彼得堡大学，波波夫总是不满足于课本知识，常常爱提出一些新奇的创意。那些平庸死板的教授并不赏识这个"不安分守己"的学生。波波夫意识到彼得堡大学不能发挥自己的才能,就转学到森林学院学习。这个学院虽然不像彼得堡大学那样有名,但是师生关系融洽,学术思想比较活跃。在这里,波波夫有一段时间热衷于研究使用炸药,这是很危险的研究工作。瑞典著名科学家诺贝尔(1833—1898)曾经为发明炸药九死一生,他的弟弟就是在实验中被炸死的。波波夫尝试利用炸药在森林里开路,也险些丧命。后来,他研究出用电线遥控炸药的爆炸,相当成功。因此,同学们都称他为"炸药专家"。

1882年,23岁的波波夫大学毕业,成绩优异。第二年,他被喀琅施塔得海军水雷学校请去当教员。这个学校离彼得堡不远,有很多精密的电学仪器,学校的实验室在当时的俄国是数一数二的。水雷学校除了教学任务以外,还引导学生进行有关电磁方面的研究。波波夫到水雷学校不久,就成了很受欢迎的讲师。他充分利用学校的良好条件,在教学和电磁实验方面积累了丰富的知识。他在水雷学校还参加过观测日全食的活动,当过电灯公司的电气技师,热情推广电灯。有一天,有个朋友问他的雄心是什么,他回答说:"我要走遍全国,为整个国家带来光明。"

1888年,波波夫29岁。当赫兹发现电磁波的消息传到俄国,波波夫也被强烈吸引了。他兴奋地说:"即使我用一生的精力去装设电灯,对广阔的俄国来说,也只不过照亮了很小的一角。但如果我能够指挥电磁波,那么就可以飞越整个世界!"波波夫的理想改变了。

就在第二年,波波夫成功重复了赫兹的实验。在一次公开的讲演中,他继胡布尔之后,提出了可以用电磁波进行无线电通信的设想。

波波夫怀着新的理想,在水雷学校实验室里埋头研究,制作了很多有关的仪器。布冉利和洛奇的研究工作对他也有不少启发。

1894年,35岁的波波夫制成了一台无线电接收机。

这台接收机的核心部分,也用了改进的金属屑检波器,跟洛奇的检波器有异曲同工之妙。不过,波波夫认为使用打字机不方便,他改用电铃作为终端显示,电铃的小锤可以把检波器里的金属屑震散。电铃用一个电磁继电器带动,当金属屑检波器检测到电磁波时,继电器会接通电源,电铃就响起来。

这台接收机同洛奇的那台结构相似,但是灵敏度却高得多。波波夫的独特贡献,是首次在接收机上使用了天线。有一次,波波夫在实验中发现,接收机检测电波的距离比平常有明显的增加。他感到很奇怪,很久都找不出原因。后来,他突然看见一根导线碰到了金属屑检波器。波波夫把导线拿开,电铃就不响了,可是把实验距离缩小到原来那样近,电铃又响起来。这个意外的发现,使波波夫喜出望外。他索性把导线接到金属屑检波器的一头,并且把检波器的另一头接地,结果实验距离大大增加。这根导线就是世界上的第一根天线。波波夫的这个发现意义重大,同布冉利发明金属屑检波器的价值不相上下。

波波夫首先把他的接收机用在检测雷电方面,他把这台机器称为“雷电记录仪”。也就是说,波波夫当时的实验只局限在气象观测上,还没有发展到无线电通信领域。他的这种实验是相当危险的。一个多世纪以前,富兰克林曾经冒着生命危险做人工传导天电的实验,俄国科学家利赫曼曾经因此丧生。现在,波波夫也勇敢地同天电打起交道来,只不过他用的不是风筝,而是自己发明的接收机。他把莫尔斯电报机接在机器上,电报纸

波波夫的“雷电记录仪”

条成了他的记录器。

1894年6月一个雷雨交加的夜晚,波波夫冒着危险,用他的接收机成功记录下了空中的闪电。这和马可尼15岁时在格里福内别墅制作的"雷雨报警铃",可以说是不谋而合。只不过,波波夫的实验更专业。

1895年5月7日,波波夫在彼得堡俄国物理化学会的物理分会上,宣读了论文《金属屑同电振荡的关系》,并且表演了他发明的无线电接收机。

表演是在大厅举行的。波波夫沉着地在大厅的讲台上放置好接收机,他的助手雷布金在大厅的另一头操作火花式电磁波发生器。雷布金比波波夫小5岁,精明干练。波波夫的接收机由金属屑检波器、电铃、继电器、记录器和一根垂直的天线组成。当雷布金接通发生器时,接收机的电铃立刻就响起来;当断开发生器时,铃声也就随之停止。当时,出席会议的都是物理学界的知名人士,其中有的人思想保守,原本不相信电磁波能够传递信号,但这次耳闻目睹,不由得信服了。一个当初持反对意见的科学家,还上台同波波夫握手,表示祝贺。

表演结束,波波夫充满信心地说:"最后,我敢于表达这样一个愿望,我的仪器在进一步改良后,就能够凭借迅速的电振荡进行长距离通信。"几十年以后,这一天被定为"无线电发明日"。

1896年1月,俄国物理化学协会的刊物《电》一月号发表了波波夫的文章,介绍这次表演的情况。这篇文章立刻引起了全球学术界的关注。

不久以后,波波夫用电报机代替电铃,作为接收机的终端,他的装置就变成了一台无线电发报机。

1896年3月24日,波波夫和助手雷布金在俄国物理化学协会的年会上,正式进行了用无线电传递莫尔斯电码的表演。当时在场的观众有1000多人。

表演的时候,接收机装设在会议大厅里,发射机放在附近森林学院的化学

馆里。雷布金拍发信号,波波夫接收信号,通信距离是250米。物理学会分会会长佩特罗司赫夫基教授把接收到的电报字母逐一写在黑板上,最后得到的报文是"海因里希·赫兹"。这表达了波波夫对这位电磁波的伟大发现者的崇敬之情。

这份电报虽然很短,却是世界上第一份有明确内容的无线电报。

波波夫的成功,预示着人类通信史上的一个新纪元即将到来。

马可尼获得专利
makenihuodezhuanli

1896年5月,22岁的马可尼踏着晨光,登上了开往英国伦敦的轮船。这个年轻的发明家容貌清秀,略显腼腆,好像一个怕羞的姑娘。他小心翼翼地守着一个大箱子,寸步不离,就像里面装了什么无价之宝一样。母亲安妮和他同行。母子俩经常一起乘船去英国旅行,但这一次与以往不同,意义重大,马可尼带着伟大的使命和梦想——让无线电通信为人类服务。

船徐徐离开码头。这个意大利青年发明家,就这样踏上了新的征途。

马可尼望着意大利海岸消失在身后,神情无比兴奋,他就要去英国,他的发明就要见世面啦!天边出现一片玫瑰色的朝霞,他仿佛看见未来在向他微笑,在向他招手。

几天以后,船穿过英吉利海峡,抵达朴次茅斯港。在入关时,英国海关官员让马可尼打开随身携带的箱子检查。马可尼小心地打开箱子,海关官员发现里面装着电线和电瓶等危险物品,以及一个奇怪的黑匣子,随即吓得魂不附体,以为是一个意大利恐怖分子要入境。在两年前的里昂博览会上,法国总统卡洛就是被一个意大利的无政府主义者刺杀的。英国维多利亚女王也被人打了三枪。这个事件震惊全球，人们至今心有余悸。难怪海关人员对意大利入境者格外警惕。他们将马可尼的无线电装置拆得七零八落，逐件严格检查。最后没有发现武器和爆炸物一类的危险物品，才给予放行。

马可尼再次踏上了既熟悉又陌生的英国国土。

他不喜欢伦敦的浓雾和黑烟，很不习惯大都市的忙碌和喧闹。这里没有地中海那种暖和的气候，更没有意大利的绮丽风光。但他还是被伦敦吸引住了，因为他这次来到英国，不是为了旅游，而是为了寻求发展无线电的机会。

在伦敦安置下来后，马可尼做的第一件事就是花了几个星期的时间，修理并装配被海关人员拆散的这些器材。装好机器后进行调试，又耽误了10多天。

安妮在伦敦有一个侄子，名叫亨利·杰姆森·戴维斯，是一位年轻的工程师。一天，戴维斯前来看望从意大利来的安妮姨妈。听马可尼表弟讲起在海关的遭遇，戴维斯觉得很有趣。

"你这么一个英俊的帅哥，怎么会被当成恐怖分子呢？"他笑道。

"我也不知道，"马可尼说，"他们对意大利人的警惕性好像特别高。"

"意大利人怎么啦？伽利略就是意大利人，达·芬奇也是意大利人……"

马可尼羞怯地笑起来，自己怎么能和这些大师相比啊！

"不管那些海关的蠢蛋啦，让我瞧瞧你的那些宝贝吧。"戴维斯饶有兴趣地说。

于是，马可尼向戴维斯展示了自己的收发报机装置，并对机器的性能和操作过程作了简要说明。

戴维斯一眼就看上了马可尼的发明。这位表哥和阿方索同岁，刚30出头，对科技领域的新生事物很敏感，并和英国工程界以及商界有广泛的联系。

他打量着马可尼的无线电通信装置，觉得这些东西并不复杂，但每一个部件似乎都不寻常。

马可尼滔滔不绝地说起他进行的通信实验。

"我实现的通信距离最远已经达到了 2.7 千米。"小伙子有点得意地说。

"很了不起！"戴维斯点头称道，"不过，这不能算正式的世界纪录。"

"为什么？"马可尼问。

"这只是你自己的实验纪录，不是公开的演示或表演纪录。"

"我哥哥阿方索可以作证。"

"那也不行。你的实验没有通过传媒报道，实验结果也没有经过权威机构认定。"

"这倒是。"马可尼承认这是事实，他向表哥求助，"那我应该怎么做呢？"

"你有两个办法可以选择。"戴维斯建议道，"一是发表论文，公布你的实验结果，引起学术界的关注，就像布冉利和洛奇那些教授一样……"

"我没有写过论文。"马可尼答道。

其实他不打算写论文发表。年轻的意大利发明家有两点考虑，一是他对写论文并不在行，觉得挺费事；二是他不想公开自己"黑匣子"里的秘密，因为那是他千辛万苦研究的成果。

"第二个办法呢？"他问。

"第二个办法就是，你可以在伦敦申请专利，这样一来，你的发明就能得到英国法律的保护。未经专利权人同意许可，任何人和企业不能随便使用。"

"那我申请专利。"马可尼顿时感到眼前一亮。

戴维斯给马可尼讲了申请专利的办法，并告诉马可尼自己在专利局有一个朋友，可以去找他帮忙。

有人说，马可尼是幸运儿，确实是这样。在戴维斯的鼓励和帮助下，1896年 6 月 2 日，马可尼的发明终于取得了英国政府的专利，专利证号：12039，伦敦；专利名称：电脉冲及信号传输技术的改进以及所需设备。

这是马可尼申请的第一张专利证,也是无线电史上的第一张专利证。此时的马可尼,刚满 22 岁。

下面这张著名的照片,是马可尼在取得专利证并举行签名仪式后,和他的收发报机的合影。年轻的马可尼右手托腮,两眼炯炯有神地看着镜头。他的右边是火花式发射机,装了四个金属球,两个金属球形成火花隙,每个金属球又用铜棒与另一个金属球连起来;他左边的黑匣子是检波器接收机,下方两根横向的金属条是接收天线,黑匣子的上面是一个莫尔斯电报键。

马可尼和他申请专利的无线电装置

马可尼纪念邮票

马可尼的这张照片,后来成为无线电史料中的一张经典照片。不仅被许多杂志和图书选登,还成为许多国家纪念邮票的主题。他堪称是少年英雄,名垂青史。

马可尼申请专利的简报,当时在多家杂志刊登出来,消息立刻传开。但简报只刊登了马可尼用电磁振荡的方法发明了无线电报的消息,并没有刊登详细内容和装置的细节。

★ 贵人普利斯
guirenpulisi

马可尼的发明取得专利后，热心的戴维斯又请一位学术界的朋友写了一封推荐信，让马可尼去找英国邮政总局的总工程师普利斯博士。

普利斯是英国电信界的权威人士。从 1882 年起，他就在研究感应无线电报。通过信号电流从导线中流过所产生的磁场，在另一根不相连的导线中感应出同样的电流来。1885 年，他用这种电流感应的方法，在相距 400 米的两条绝缘线路之间进行了电话信号传输。但是，由于增加传输距离时，要求导线相应增长，甚至同传输距离相近，这就失去了"无线"的意义。

1896 年 5 月马可尼刚到英国的时候，普利斯正在英格兰西部的布里斯托尔进行一次大规模的实验，想要在英格兰和爱尔兰之间传送"感应电报"。一个星期天的夜晚，他分别接通了横跨英格兰和爱尔兰的南北两条电报主干线，构成两条巨大的平行线路。但是，无论是从爱尔兰，还是从英格兰发出的信号，对方都没有收到，实验失败了。

普利斯辛辛苦苦研究了十几年，心中有些惆怅。

正在这个时候，普利斯从英国杂志《电气技师》上，看到马可尼申请专利的简报，知道马可尼不是利用电流感应的方法，而是利用电磁振荡的方法发明了无线电报，他真是无比的惊奇和欣喜。

普利斯急切地想要见到马可尼，但是杂志上没有刊登马可尼的住址，他只好派人到各个旅馆去寻找。

一天上午，一个提着大箱子的年轻人前来拜访普利斯。这位模样英俊、两眼炯炯有神的青年就是马可尼。他被领进总工程师办公室，轻轻放下大箱子，

从兜里摸出推荐信,恭敬地递给普利斯。普利斯拆开信一看,不禁喜出望外。

"你就是古列尔莫·马可尼,那个'12039号'专利的发明人?"

"正是我。"马可尼态度谦逊,用流利的英语回答说,"一个无线电业余爱好者。"

普利斯大喜,他像遇到久别的亲人一样高兴,把马

英国邮电总局工程师普利斯

可尼拉进屋子里。两人进行了一阵热情的交谈之后,马可尼打开箱子,把收发报机搬出来,请普利斯过目。他是那样的谦恭,就像一个学生在请老师指点习作一样。

普利斯发现马可尼的收发报机相当笨重,里面的部件也不是什么稀奇的东西,就幽默地说:"人人都认识鸡蛋,但只有马可尼把鸡蛋立起来了!"

据说,航海家哥伦布(1451—1506)有一次出席宴会,为了回击一个大臣对发现新大陆的轻视,他顺手拿起一个鸡蛋问大家:"谁能把它立在桌子上?"满桌的王公大臣试了又试,都没有办法。哥伦布笑了笑,啪一声,敲破鸡蛋的一头,鸡蛋就稳稳地立在桌子上了。普利斯在这里把马可尼喻为发现新大陆的英雄,是对他很高的评价。

普利斯独具慧眼,认为马可尼大有作为,前途无量。他很赏识马可尼的才干,答应全力支持马可尼,并广为演说进行宣传。

普利斯请马可尼留在邮电总局进行进一步的实验。

1896 年 7 月 27 日，马可尼在邮电总局大楼顶上和 300 米远的一座银行大楼之间成功地进行了实验。这是马可尼第一次向公众展示他的装置。

当一切准备就绪，马可尼按下发射机的莫尔斯电报键，发射机发出一串电码信号，电波越过伦敦阴霾的上空。放置在银行大楼接收端的莫尔斯电报打印机，顷刻之间便打印出了电码信号。守候在现场的邮政官员和媒体记者，随即发出一阵喝彩。第二天，马可尼实验成功的消息就像春风一样传开。

9 月 2 日，普利斯博士又组织了第二次实验，向更多的邮政代表演示。实验开始时，英国陆军部和海军部许多军官闻讯而来，参观的人数增加了数倍。

这一次，实验的地点选在索尔兹伯里平原。马可尼在实验中使用了架空天线，通信距离获得很大提高。在发射端，他将火花式发射机的一端通过导线接到离地面很高的天线盒子上，另一端接地，这样大地也成为高频振荡器和接收机的组成部分。接收机也是这样安排。由于采用了这个保证性的措施，马可尼在索尔兹伯里平原的无线电信号实验，收发距离达到 2.8 千米。在场的英国政府官员们纷纷在接收到的电文纸上签字，确认这是正式纪录。

1896 年 12 月 12 日，普利斯博士特地举行了一场无线电报的推介会，向公众隆重介绍青年发明家马可尼。

伦敦科技大厅坐满了听众，普利斯进行完关于无线电报的科普讲演后，热情地把坐在旁边的马可尼介绍给大家，说他带来了一套新的电报装置，用不着导线，可以通过赫兹波进行远距离通信。

马可尼从讲台下取出他的收发报机，这是两个大盒子。一个盒子装着发射机，由电池、感应线圈和一对形状像哑铃的赫兹振子组成，这就是火花式发射机，可以辐射 1 米到 1.5 米的电磁波。另外一个盒子是黑色的，里面是改进的金属屑检波器，外面有两条水平铜带，作为接收天线，盒顶安装着电铃。

马可尼把两个盒子分别放在大厅的两个角上，一个自告奋勇的听众当发报员，马可尼则守着接收机。当发报员按下电报键的时候，马可尼面前盒子上的电铃立刻就发出了响声。为了证明没有弄虚作假，马可尼举起盒子，在全场到处走动，每个观众都听到了铃声。整个大厅顿时变得比游乐场还热闹。

普利斯博士等马可尼表演完后，打着优雅的手势，在大厅当众宣布：

"女士们，先生们，马可尼先生的无线电将改写人类通信的历史，这是通信史上的一场伟大的革命。"全场欢声雷动。第二天，马可尼就变成了家喻户晓的人物。

就这样，普利斯戏剧性地把这个年轻的发明家介绍给公众，使他登上了社会舞台。全英格兰都知道了马可尼和无线电报。普利斯对马可尼的发明推广功不可没，后来被英国政府封为爵士。

卢瑟福与无线电无缘

lusefuyuwuxiandianwuyuan

马可尼得到普利斯博士的知遇，是他一生中最大的幸运。

普利斯身居英国电信界的领导地位，论研究无线电通信的资格，他在布冉利和洛奇之前，但是他并不骄傲。普利斯看见马可尼研究出自己多年没有研究出的东西，他由衷地感到高兴，没有丝毫嫉妒。他不但鼓励年轻的马可尼，还帮助他宣传，而且设法争取政府的资助。这一切，对马可尼的事业产生了重大的影响。

当然，马可尼的成功还有重要的社会原因。当时，英国正处在资本主义向帝国主义发展时期，贸易很发达，同海外有广泛联系，无线电如果能够得到实际应用，就会推动英国航海事业的发展。同时，英国有优良的科学传统，政府比较重视科学发明，所以政府有关方面支持马可尼，乐意资助他。

马可尼的成功还有一个原因，就是他的专心致志和锲而不舍。他认定方向后就勇往直前，毫不犹豫地朝这个方向走下去。虽然他是一个业余的无线电发明家，但是却能够力克群雄，超越了许多电学专家、学者和教授（包括他的启蒙老师李奇教授，还有卢瑟福和特斯拉等人），最后拔得发明无线电的头筹。

卢瑟福比马可尼起步早，而且成绩斐然。1895 年夏天，正当马可尼陶醉于哥哥阿方索鸣枪报信的喜悦中时，24 岁的卢瑟福获得了十分难得的英国"1851 年奖学金"。这位新西兰的学子告别了母校坎特伯雷学院，带着他发明的"磁性检波器"到英国剑桥大学深造。

卢瑟福于 1871 年 8 月出生于新西兰纳尔逊的一个木匠家庭，从小在农村长大，家境贫寒。他通过自己的刻苦努力，15 岁时获得奖学金，被保送到纳尔逊高级中学读书。卢瑟福长得牛高马大，同学们戏称他长得像恐龙，但他的成绩特别优异。就在他毕业的前一年，物理学界发生了一件激动人心的事：德国青年物理学家赫兹发现了电磁波，用实验证明了麦克斯韦的电磁理论。赫兹的发现轰动了世界，并且促成了无线电的诞生。这件事在少年卢瑟福心中留下了强烈的印象，使他对电磁学怀有一种朦胧的憧憬。

中学毕业后，18 岁的卢瑟福又幸运地获得了奖学金，进入新西兰的坎特伯雷学院学习。接到通知的那天，卢瑟福正在地里干活。母亲跑来告诉他喜讯，卢瑟福立即扔掉手里的铁锹说："这恐怕是我挖的最后一颗土豆了吧！"的确，两次获得奖学金改变了他的一生。卢瑟福在大学的成绩出类拔萃，毕业时获得了三个学位（文学学士、文学硕士和理学学士）。卢瑟福在大学时代最感兴趣的两个课题，一个与元素有关，另一个与无线电有关。没想到前者成了他毕生研究的专业（探索原子之秘）；而无线电则成了他终生难舍的爱好。所以后来有人开玩笑说，卢瑟福一生有两个爱人，原子物理是他的妻子，无线电是他的情人。

自从 1888 年赫兹发现电磁波以来,仅过了三四年的时间,各国科学家就竞相投入了无线电的研究。他们希望找到一种有效的办法,能把电磁波检测出来,这样就能实现用电波传递信息。这个激动人心的课题,同样使青年卢瑟福跃跃欲试。卢瑟福读大四时,他的理科学士学位论文选择的就是这个课题。他发明的磁性检波器,明显超过了布冉利的金属屑检波器的水平。

1895 年夏天,幸运之神再次降临。卢瑟福因为他最新的电磁波研究实验报告论文,获得了英国"1851 年奖学金"。

当卢瑟福登上开往英国的轮船时,心情既激动又兴奋。当年他的祖父和父亲远渡重洋,从英国来到新西兰,如今他要离开这个小岛,去英国深造,也是去寻根。心中不禁升起一种"天高任鸟飞,海阔凭鱼跃"的感觉。他随身携带着一封导师的推荐信,还有一个自己发明的磁性检波器。

卢瑟福到了剑桥大学,进入卡文迪许实验室,成为约瑟夫·汤姆逊的研究生。汤姆逊是著名的原子物理学家,出生于英国的曼彻斯特,后来毕业于剑桥大学。他 28 岁时接替瑞利出任卡文迪许实验室主任。卢瑟福赴英国学习时,汤姆逊刚满 39 岁。

卢瑟福到剑桥的第一年,继续从事电波接收研究。实验使用的仪器都是他自己制作的,汤姆逊很赏识他的动手能力和惊人的实验技巧。在汤姆逊的指导下,卢瑟福对自己的磁性检波器作了进一步改进。他把空心线圈中央的钢针长度缩短到 1 厘米,直径缩短到 0.07 毫米,线圈本身的缠绕也非常精细。改进后的检波器灵敏度大大提高,卢瑟福在剑桥城区成功实现了 800 米远距离的电波传送。

1896 年,卢瑟福同汤姆逊联名发表了《通过高频放电使铁磁化以及关于短钢针效应的研究》的论文。导师和研究生联名发表论文,是当时的惯例。研究

卢瑟福纪念邮票

工作是由卢瑟福独立完成的。汤姆逊在伦敦皇家学会上宣读了这篇论文，表明他对卢瑟福选题的充分支持与重视。

这篇论文报告了在距发射机 800 米远处检测电波的方法，实验地点选在人口稠密的剑桥城区，并且取得了圆满的成功。实验证明了无线电波不仅适应在开阔的乡村传播，也适应在繁华的大都市里使用。据论文介绍，卢瑟福的发射机是一台火花式发射机器，由金属棒、两个相距 1.27 厘米的铜钮和一对大金属片构成，金属片起着发射天线的作用。在铜钮间隙产生电火花时，就有电磁波辐射出来。接收机设在 800 米以外的地方，接收天线由两根对称的长 61 厘米的金属制成，下面连着磁性检波器的金属线圈。当电波信号到达时，由于电磁感应作用，线圈中央的细磁化钢针束会暂时失去磁性，因而随之脱落，与磁体相连的一面小镜子会发生偏转，这就监测出了电磁波信号。

卢瑟福在实验时还证明了，电磁波信号可以通过砖石墙，也可以通过偶尔挡住检波器的人体。这揭示了无线电应用的远大前景。在当时，这无疑是非常辉煌的研究成果。卢瑟福的这个检波器，至今还保存在卡文迪许实验室里，被当成该实验室的一份光荣的遗产。卢瑟福的这项成果，证明他的研究在当时已居于世界领先水平，这使他当之无愧成为无线电的先驱者之一。

可惜的是，卢瑟福并没有把自己的成果进一步推向商业运用，却让马可尼夺得了发明无线电的头功。为什么卢瑟福会与无线电擦肩而过？究其原因，有传记作者认为，是卢瑟福对经商图利不感兴趣，所以没去申请专利；还有人说，因为他不是一个电气工程师。其实，真正的原因是恰好在这个时候，汤姆逊发现了电子，引起物理学界的轰动。在汤姆逊以前，人们都以为原子是最小的、不可分的。电子的发现，表明有比原子更小的微粒，从而揭开了人类认识微观世界的序幕。

在汤姆逊的影响下，卢瑟福的研究方向发生了重大转折。他的视线投向了原子物理领域。虽然卢瑟福后来一生都没有放弃对无线电的热爱，并且经常有所表现，但无线电毕竟已成为他的第二爱好。

另一位无线电先行者特斯拉，也是中途转向，没有对无线电进行锲而不舍的进一步研究。早在1893年的春天，特斯拉就在美国费城富兰克林学院及圣刘易斯全国照明协会作的报告中提出了无线电广播的原理。他在公开的讲座上演示了无线电传送的实验，用电波信号点亮了10米远的电灯（后来他和马可尼曾在美国就无线电发明权打官司）。

特斯拉是个科学怪才，头脑中的点子太多了，今天一个奇想，要研究中子弹；明天一个奇想，要研发隐形飞机；后天又灵感闪现，要制造深海机器人……而这些想法大多超越了时代。这令他整天心花怒放，难以自已，主攻方向经常变换。而且因为规模太大，实验方式又讲究铺张排场，所以他经常被资金短缺所困，甚至因欠债被告上法庭。特斯拉还是一个多才多艺者，拥有诸多业余头衔：诗人、养鸽专家、哲学家、音乐鉴赏家……这些头衔越多，就意味着他越难以专心致志地完成一项发明。自特斯拉在纽约中央公园的湖里进行了遥控自动化小艇的精彩实验之后，就此与无线电事业擦肩而过，再没有什么作为，令世人为之叹息！

KEXUE JUREN DE GUSHI

两种遭遇

波波夫逆水行舟

bobofunishuixingzhou

还有一位无线电发明家波波夫,他的遭遇也耐人寻味。

1896 年 3 月 24 日,波波夫在俄国物理化学协会的年会上表演了用无线电传递莫尔斯电码。这一历史性的成绩,预示了无线电时代的到来。波波夫期望乘胜前进,一鼓作气,实现自己用无线电进行长距离通信的梦想。

可是由于沙俄封建落后,抱残守缺,漠视无线电事业和科学家,波波夫的发明没有得到政府的支持和帮助。波波夫第一次向有关当局申请实验经费,竟得到这样的批示:"对于这种幻想,不准拨款。"由于海军上将马卡洛夫的一再坚持,后来才拨下区区 300 卢布。

正当波波夫在为缺少实验经费发愁的时候,马可尼却欣喜地得到了普利斯的通知:英国邮电总局同意给他提供全部实验经费和所需要的各种物资,用来进行海上通信实验。这两个发明家,一个是逆水行舟,另一个是一帆风顺。因此,波波夫虽然比马可尼早一年取得研究成果,但是很快就落到了后面。

马可尼

波波夫给海军上将马卡洛夫演示自己的无线电装置

但波波夫意志顽强,在十分艰难的情况下,仍旧继续进行实验。

1897 年春天,38 岁的波波夫在喀琅施塔得港的停泊场进行无线电实验,可靠的通信距离达到 640 米。

同年夏天,波波夫和雷布金分别在巡洋舰"阿非利加号"和教练舰"欧罗巴号"上进行无线电通信联系的实验,最大距离达到 5 千米,这是一次比较著名的实验。在实验过程中,波波夫和雷布金发现,每当"依利英中尉号"巡洋舰在"阿非利加号"和"欧罗巴号"之间经过的时候,通信都要中断一会儿,这表明"依利英中尉号"挡住了信号。换句话说,就是金属物体对电磁波产生了反射。波波夫预见到这个现象有重大的实用价值,随即报告给了喀琅施塔得港海军司令部。波波夫在报告中说:"实验时,传送信号多次出现减弱的现象,船只间的距离对此也有一定影响。如在实验中,'欧罗巴号'和'阿非利加号'的信号传到了别的军舰上。在长距离实验中,只要军舰不偏离直线航道,仪器间的相互作用现象就不会发生。"可惜波波夫的报告没有得到海军的重视。30 多年以后,其他科学家根据金属物体对电磁波反射的原理发明了雷达。

该报告还指出:"电磁波应用到灯塔上,作为灯光和声响信号的补充,可使灯塔在雾天和暴风雨天中都能起到应有的作用;电磁波发出的铃声可提醒离灯塔太近的船只,而各种声音的汇总又能帮助辨别灯塔。利用桅杆、绳索会延缓电磁波传送的特性,可提前判断出被遮住的灯塔的大概方向。"

实际上,波波夫已经预见到了可以利用无线电进行导航。可是这一预见没有得到有关方面的重视。

马可尼超过波波夫

makenichaoguobobofu

1897年5月，当波波夫在喀琅施塔得港进行实验的时候，马可尼正在英国西海岸南段的布里斯托尔海湾，紧张地进行跨海通信实验。马可尼的发明究竟有没有生命力，将由这次实验的结果来决定。普利斯博士对这次实验抱着很大的期望，特地叫自己最信任的助手乔治·肯普来协助马可尼。肯普比马可尼年长，留着八字胡，看上去老成持重。他为人憨厚，技术熟练，干活吃苦耐劳。

马可尼把发射机装在拉渥洛克岸上的小屋里，屋外竖起一根很高的杆子，上面架设了用金属圆筒制成的天线。接收机开始放在海湾里的佛勒霍姆小岛上。接收天线架在高杆上的金属圆筒上，跟对岸的发射天线遥遥相对。收发两地之间相距6.4千米，通信效果良好。这个距离已超过了波波夫5千米的

拉渥洛克与佛勒霍姆小岛之间的通信实验

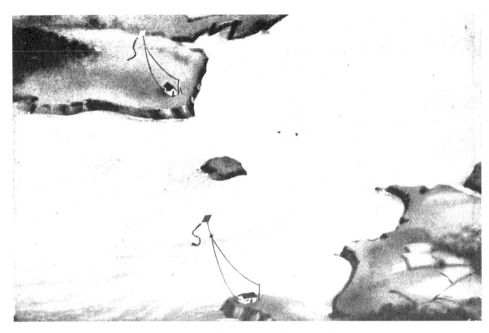

拉渥洛克与布瑞当之间的通信实验

纪录。

　　一个星期以后,马可尼和肯普把接收机转移到海湾对岸的布瑞当,收发距离增大到 14.5 千米,并且用两只覆盖着锡箔的风筝作为收发天线。在实验中,风筝可以升到 49 米高,比先前的圆筒天线更高。

　　5 月 18 日,通信实验获得很大成功,无线电信号第一次传过了布里斯托尔海湾。普利斯博士,这个英国邮电总局的决策人,对实验结果非常满意。实验结束的时候,普利斯拍着马可尼的肩头表示祝贺,马可尼却称赞肯普的干练和得力。普利斯为了帮助青年发明家取得更大的成功,当场告诉马可尼可以把肯普留下。马可尼大

马可尼和助手肯普

喜过望,从此肯普成为他终身的助手,对他的事业帮助很大。

马可尼后来说起这次海湾实验:"那次获得的实验结果在当时引起了广大公众的注意,因为无线电通信达到这样的距离被认为是非同一般了。"

马可尼来到英国不到两年,就获得了意想不到的成功。

这次跨越海湾的通信实验在无线电史上具有标志性意义,人类第一次不用导线把信号传过了海湾。半个世纪以后,英国当局为了纪念这件有历史意义的大事,在实验地点举行了一次隆重的纪念仪式。这时,普利斯、马可尼和肯普都已成为历史人物。出席纪念会的有政府官员和很多知名人士,有肯普的儿子,还有一个84岁的老人马求斯。当年,马求斯是出租马车夫。马求斯老人对记者说:"现在我还记得马可尼年轻时的面孔,我就是靠着这堵墙看着他和肯普准备实验的。马可尼非常专心地安放仪器,就像个将军在指挥作战一样。我真没有想到我会活到这一天,会看到这么多人到这古老的教堂来向这位意大利人致敬。"

在举行纪念仪式的教堂里,举行了纪念屏建成的揭幕式,古铜色的纪念屏上题词是这样的:

1897　　　1947

在这里附近

无线电信号

第一次进行了跨海传送

实验人

古列尔莫·马可尼

和

乔治·肯普

马可尼

在拉渥洛克和佛勒霍姆之间：1897年5月11日

在拉渥洛克和布瑞当之间：1897年5月18日

马可尼在英国进行无线电跨海实验成功的消息，迅速传遍整个欧洲。23岁的马可尼一时成了知名人物。意大利政府这时才意识到马可尼的价值，正所谓"墙外开花墙内香"。就在马可尼跨海实验成功不久，意大利政府通过驻英使馆盛情邀请马可尼回国。

马可尼愉快地接受了邀请。同年6月，马可尼回到意大利。意大利国王和王后在罗马接见了青年发明家，并且很有兴趣地观看了他的无线电通信表演。

马可尼对祖国意大利自始至终怀着热爱和报国之心。在回国的一个月时间里，他为意大利建立了一座陆上电台，用于与意大利军舰通信，距离延长到19.2千米。马可尼表示，允许意大利不受专利限制，可以任意开发他发明的无线电设备。这和他当初愿意把发明献给祖国的做法是一致的，可谓拳拳赤子心。

开尔文勋爵的赞赏
kaierwenxunjuedezanshang

1897年7月，马可尼重返英国，开始研究无线电的商业应用，并在伦敦成立了"无线电报通信公司"（1900年更名为"马可尼无线电报公司"）。这是英国第一家开发无线电通信业务和专门制造无线电设备的公司，公司的宗旨是在全球范围开发和销售马可尼发明的装置，这是让发明变成产品，进而为社会服务的重要一步。公司创建之后，在普利斯博士和各界人士的支持下，马可尼的事业得到突飞猛进的发展。

公司运营不久，马可尼在怀特岛的艾伦湾建立了一座永久性电台，名字叫尼特无线电站。怀特岛在英格兰南端,对岸是英国作家狄更斯(1812—1870)的故乡朴次茅斯。怀特岛在英国地图上只是一个不引人注目的小岛,但是马可尼却在这里进行了一系列著名的通信实验。

一项发明,只有当它达到商业应用的水平,才算有了真正的价值。艾伦湾尼特电台完工以后, 很多政府官员和社会名流都到这里来参观。电台的天线架设在巨大的塔杆上,高度超过 30 米,颇为壮观。

有一天,参观者中来了一位贵客,他就是大名鼎鼎的开尔文勋爵。

马可尼和电台的技术人员列队欢迎,隆重地欢迎他的莅临。他是英国科学界的重量级人物,他在科学上的贡献是多方面的。30 岁之前,他就成了电磁理论的开路先锋和热力学的奠基人之一。尽管他没有登上电磁理论的顶峰,却为麦克斯韦和赫兹开辟了道路。他是一名尖兵,一位伟大的科学向导。

在应用工程很多互不相关的领域里,也能够看到开尔文勋爵智慧的结晶。他当了 50 多年教授,其实是当了 50 多年工程师。他不善于教课,但搞研究却是行家。他主持的格拉斯哥大学物理系,实际上成了应用工程系。他的很多工程发明,都是在这里的实验室里完成的。

他一生最大的成就,就是铺设大西洋海底电缆,他因此被英国政府册封为"开尔文勋爵"。大西洋海底电缆铺设成功以后, 他继续替海底通信研究新装置,他的后半生一直和大海联系在一起。他的发明专利使他获得很多收入,渐渐成了富翁。但是他把大量的金钱都用在新的研究上。1870 年,开尔文勋爵的妻子因病去世。妻子去世以后,他买了一艘游艇,把全部精力都放在航海研究上。他热爱大海,喜欢乘风破浪地航行。他用自己的游艇进行实验,发明了轻便的改良罗盘,效果很好。他还发明了海水测深仪,研究过潮汐理论,预测潮水的高度。

在此一年前,即 1896 年,英国格拉斯哥大学隆重集会,纪念开尔文勋爵荣任教授 50 周年。来宾有 2000 多人，包括从世界各地来的著名科学家。在纪念仪式上，前来参加集会的人用最真诚的语言赞扬他的功绩。这位 72 岁的勋爵在答谢辞中却说："我在过去 55 年里所极力追求的科学进展，可以用'失败'这个词来标志。我现在不比 50 年以前，当我开始担任教授的时候，知道更多关于电和磁的力，或者关于以太、电和重物之间的关系，或者关于化学亲和的性质。在

开尔文勋爵

失败中必然有一些悲伤，但是在对科学的追求中，本身包含的必要努力带来很多愉快的斗争，这就使科学家避免了苦闷，而且或许还会使他在日常工作中相当快乐。"

这一席话，使听众大为惊奇。作为一位举世闻名的科学巨匠、大西洋海底电缆的创造者，他一生发表了 600 多篇学术论文，获得了 70 种发明的专利，受到了 250 多个学校和团体的敬仰，竟认为自己一生的事业可以用"失败"两个字来形容。

马可尼对开尔文勋爵的来访不敢怠慢，还有一个原因就是这位大西洋海底电缆的创始人，一直对无线电的实用性持怀疑态度。据说，他曾对朋友说："无线电报，这很好呀！不过我宁可相信'一个孩子和一匹马'！"意思是指：无线电报还不如一个小孩骑着马送信可靠。

但是在事实面前，开尔文勋爵完全信服了。

在怀特岛电台的机房里,他很愉快地给普利斯等老朋友拍发了电报。他给格拉斯哥大学物理实验室的电报是这样的:

> 格拉斯哥大学物理实验室收。告诉布里斯,这是通过以太波从艾伦湾发到朴次茅斯的商业电报,然后借助邮局的电报机传到格拉斯哥的。
>
> ——开尔文

电文中的"以太波",实际就是电磁波,当时不少人还保留着"以太"这个习惯说法。电报拍完以后,开尔文勋爵从衣袋里掏出一先令硬币交给电报员,在场的人都觉得诧异。电报员以为勋爵在开玩笑,硬是不收。

开尔文勋爵笑了笑说:"这是拍发这些电报的费用,它标志着商用无线电报的开始。"他坚持要付,说这是对马可尼通信装置的赞赏。最后,电报员收下了这不平常的一先令,这是世界上第一份收费的商用无线电报,拍发它的人恰好是长途有线通信的奠基人,这是很有意义的。

1898 年 7 月,马可尼的无线电报装置正式投入商业使用,替爱尔兰首都都柏林《每日快报》报道快艇的比赛实况。马可尼把电台装在一条租来的轮船上,随时把比赛进程拍发给岸上的接收台,然后通过电话线直接告诉《每日快报》编辑部。当天晚上,晚报就登出了快艇的比赛结果。

同年 12 月,马可尼在南海岬灯塔和一艘灯船(相当于浮动灯塔)之间建立了无线电通信。灯船用刚装上的收发报机向南海岬灯塔的电台报告,有一艘轮船在哥德文搁浅,使海军总部价值 52000 英镑的财产没有受到损失。这艘灯船第二年 3 月在海上同一艘船相撞,由于它有无线电报装置,及时发出出事的消息,南海岬立刻派救生艇赶到出事地点,把遇险船员全部救了起来。这是无线电首次为营救遭遇海难的人立了功。

马可尼没有满足于已经取得的成就,继续进行实验。

1899 年 3 月 27 日,马可尼成功地实现了英法海峡——多佛尔海峡两岸的无线电报联络,把通信距离增大到 45 千米。电文是:"你的来电收妥无误,而且很清楚。"这是两国之间第一次实现了无线电通信,具有重大的历史意义。就在 50 年前,英国在英法之间的多佛尔海峡成功铺设海底电缆,使英国和欧洲大陆实现了电报通信。如今,无线电信号竟奇迹般飞越了多佛尔海峡。马可尼的无线电梦诞生只不过五年,电波就越过了国界。无线电不再是美丽的憧憬和幻想,它开始对现实生活产生了影响。

祝贺的电报从世界各地传来。英法各报都对实验成功在头版进行了报道,学术界也发表文章赞扬和评论这次实验。

这时候,波波夫在俄国黑海舰队进行实验,通信距离只达到 17 千米。1895 年,波波夫虽然拍发了世界上第一份无线电报,但是短短三年的时间,马可尼就超过波波夫,跑到前面去了。马可尼是使无线电投入商业应用的第一人,是使无线电成为海上救生利器的第一人,也是使无线电信号越过英法海峡的第一人。

马可尼

在增大通信距离的过程中,马可尼同样进行了很多艰苦的工作。一系列的实验表明,天线越高,通信距离就越大。但是,无论在岸上还是在舰船上,天线的增高都是有限度的。后来,马可尼就把注意力集中在增大发射功率和接收机的灵敏度上。当时电子管还没有问世,要实现这两点是相当困难的。

1899 年 7 月,马可尼的无线电通信装置第一次在英国海军演习中使用。

英国皇家海军舰艇"亚历山大号""欧罗巴号"和"女神号"都安装了马可尼的装置。演习中，马可尼、肯普和另一个助手分别在这三艘军舰上工作，通信装置很成功。演习结束后，英国皇家海军同马可尼签订合同，要他第二年给英国海军的 28 艘军舰和 4 个陆上通信站安装无线电通信装置，这是马可尼公司签订的第一份合同。这次演习也证明，两艘军舰行驶到互相看不见的地方，照样可以通信，这意味着电磁波信号有可能"绕过"地球本身的曲面进行传递。

访问美国
fangwenmeiguo

马可尼的名声远扬海外，美洲大陆也掀起一股无线电热潮。

1899 年的 5 月，正在加拿大麦基尔大学任教的卢瑟福，应加拿大皇家学会的邀请去渥太华进行学术报告。这是一次别开生面的科学演讲，题目是卢瑟福情有独钟的"无线电报"。

原计划这次由一位美国人演讲，但此君因为临时生病不能来了。加拿大皇家学会的会长急中生智，想到有位无线电的先驱者就近在眼前。于是，他们向 100 千米外的麦基尔大学的卢瑟福教授发出邀请。这时离进行报告的日期只有一天时间了。

卢瑟福欣然接受了这一邀请，他稍事准备，立即匆匆赶往渥太华。在加拿大皇家学会的大厅里，他向几百名听众作了关于无线电报的科普演讲，并当场演示了他在新西兰和英国使用过的检波器。现场的听众情绪高涨，大开眼界。就在卢瑟福这次演讲两个月以后，马可尼成功地实现了英法多佛尔海峡两岸间的无线电报联络，通信距离创下 45 千米的纪录。人类的交往和沟通迎来一个崭新的纪元。

1899 年深秋,在美国举行了盛大的国际快艇比赛。马可尼接受邀请来到美国,用他的无线电装置报道比赛实况。他在一艘船上,连续 5 个小时向海岸无线电站拍发了 4000 多字的消息,消息再从陆地电台用电报线传给《纽约先驱论坛报》。报道迅速、及时,使美国的新闻记者叹服不止。在纽约期间,他偶然和一个爱好无线电的美国青年德福雷斯特(1873—1961)相识,并且带给德福雷斯特很大的启发。几年以后,德福雷斯特发明了真空三极管,使整个无线电事业改变面貌。

英俊潇洒的马可尼(1901 年)

马可尼在纽约期间,还在美国军舰上进行了无线电通信表演。表演的时候,港口挤满了看热闹的人。马可尼在军舰上表演完毕,和助手走下军舰以后,为了满足观众的好奇心,又在岸上进行了一次表演。那时,一个衣衫破旧的美国青年早就望眼欲穿,天不亮就跑到码头等候,他就是德福雷斯特。他很幸运,当时亲眼看见了马可尼的表演。这次观摩,对他后来的发明具有深远的影响。

马可尼身穿一件细格外套,头上戴顶博士便帽,熟练地操纵着通信设备。德福雷斯特目不转睛地望着他,恨不得也能够亲自上场试一试。等到表演结束,他挤到前面,在这些设备面前停下来,看了又看。当时,他离马可尼只有两三米远。这个意大利发明家正在同舰长说话,没有注意到他。马可尼的助手、敦实的肯普注意到他的神态,就友好地打开发报机让他仔细看个究竟。

德福雷斯特感激地朝肯普点点头，聚精会神地看起来。后来，他的目光停留在一个装着银色粉末的小玻璃管上。他记起曾经读过的资料，就问肯普："这大约是金属屑检波器吧？"

正在同舰长说话的马可尼突然听到了这句问话，转过身来，很有兴趣地打量着德福雷斯特。德福雷斯特认出打量自己的是马可尼，又惊又喜，激动地伸出手说："我叫德福雷斯特，无线电业余爱好者。"

马可尼笑着和他握了握手，诙谐地自我介绍说："古列尔莫·马可尼，也是个无线电业余爱好者。"

两个献身无线电事业的青年，就这样交谈起来了。他们两人，一个是已经成名的发明家，另一个却是普通的爱好者。对无线电事业的共同热爱，把两个萍水相逢、不同国籍的人联系在了一起。德福雷斯特向马可尼请教了一些技术难题，马可尼都向他进行了解答。德福雷斯特还谈起自己研究三年一无所获的苦恼。马可尼鼓励他说，也许是没有找到恰当的研究课题。这个意大利发明家讲到自己正在努力提高接收机的灵敏度，他指了指发报机里的小玻璃管，对德福雷斯特说："这就是你所说的那种金属屑检波器，看来它很需要改进。"马可尼在谈话中还特别强调指出，要进一步增大通信距离，就非革新这种原始的检波器不可。至于究竟应该怎样改，马可尼还没有成熟的意见，当时他的调谐电路还没有成功。马可尼的这一席话给德福雷斯特留下了非常深刻的印象，原来改进金属屑检波器，就是当时无线电研究中一个亟待解决的重大课题。在回家的路上，德福雷斯特兴奋地想着，说不定自己能够完成这个使命！

几天以后，马可尼结束了在美国的工作，乘上"圣·保罗号"轮船离开纽约。轮船开进英国水域的时候，他还进行了几项出色的通信实验。大西洋彼岸的旅行给马可尼留下了愉快的记忆。不过，他没有想到，在美国期间竟播下了发明的种子。

结束在美国的访问后,马可尼把通信设备装在回国所乘的"圣·保罗号"邮船上。这是美国的定期轮船,将要横渡大西洋,驶向英国。马可尼离开纽约以前,通过海底电缆发电报给伦敦的电信公司,说"圣·保罗号"在抵达英国水域的时候,他要和怀特岛上的尼特无线电站进行通信实验。公司有关人员得知"圣·保罗号"将在星期三上午 10 点到 11 点之间到达,星期二下午他们就到尼特站做好了准备。实验室主持人弗仑德还派了一个助手在机房值夜班。

第二天,弗仑德很早就起来巡视整个通信站。浓雾笼罩着洋面,驶过的客轮连影子都看不见。

已经是中午时分,轮船预定到达的时间早过去了,还是一点消息也没有。弗仑德和助手们开始焦急起来:该不会出什么事吧?

电报员不停地发出无线电联络信号。弗仑德在电报机旁边走来走去。时针指着下午 4 点 45 分时,接收机上的电铃突然响了起来。

"你是'圣·保罗号'吗?"尼特站发出电报问对方。

对方回答:"是的。"

"你在哪里?"

"106 千米远处。"

马可尼的来电驱散了大家的忧虑,尼特站顿时洋溢着欢乐的气氛。这一次,马可尼把无线电通信距离增大到 106 千米,无线电信号第一次突破了 100 千米大关。这一天是 1899 年 11 月 15 日。

波波夫的工作,也是 1899 年 11 月才得到俄国海军部承认的。当时,俄国战斗舰"阿普拉克辛海军上将号"在戈格兰德岛附近触礁,为了进行营救,波波夫在科特卡城和戈格兰德岛之间建立了俄国第一条实用的无线电报线路,距离 47 千米,完成了营救任务。不久之后,通过这条无线电通信线路,又救出了 27 个遇险的渔民。在喀琅施塔得港担任司令的马卡洛夫收到波波夫的报告,

给他发来热情的贺电：

> 兹代表喀琅施塔得全体海军官兵衷心祝贺你的发明获得辉煌成就。开辟从科特卡到戈格兰德的43俄里(47千米)的无线电报通信线路是科学史上极为重大的胜利。

马卡洛夫是俄国第一个理解波波夫事业的人。可惜这位海军上将后来担任沙俄太平洋舰队司令时，在1904年的日俄战争中，因旗舰触雷沉没而阵亡。

在营救了战斗舰"阿普拉克辛海军上将号"，成功地应用无线电报以后，海军总部终于相信了波波夫的发明，让他在俄国军舰上训练使用无线电报的人。但是宝贵的时间已经过去了，马可尼已经远远超过了波波夫。

1959年发行的波波夫诞辰100周年邮票

KEXUE JUREN DE GUSHI

飞越大西洋

德福雷斯特加盟

defuleisitejiameng

就在马可尼离开美国后不到两个月，德福雷斯特便辞去研究所的工作，在纽约泰晤士街租了一间破旧的小屋，全心全意地研究改进检波器。

窗外飘起了雪花，这是 19 世纪的最后一个冬天。新的世纪就要到来，一个伟大的发明也在艰苦的环境中孕育着。

德福雷斯特节衣缩食，买来一些最简陋的器材进行检测电波的实验。由于辞去工作没有正常收入，他的生活很困难。这个发明家实在太穷了，连买一副耳机的钱都没有。实验的时候，他只好一只手拿着单耳听筒，另一只手调节检波器。为了维持生活，他白天常常去给富家子弟补习功课，或者到饭店里去洗碗、扫地。一到夜里，他就沉浸在发明创造的乐趣中。

科学发明的成果不是唾手可得的。德福雷斯特在坎坷的小径上探索了一年，还是没有什么收获，他的各种实验都失败了。可是，他一点也不灰心，继续进行实验。

1900 年一个隆冬的夜晚，德福雷斯特正在灯下进行一次新的实验。窗外朔风呼啸，他穿得很单薄，冻得直哆嗦。屋里点的是煤气灯，实验装置也很粗糙。一个从旧货摊上买来的电键，两个自制的电瓶，再加上一个粗线圈，就构成了德福雷斯特的发射机。当他按动电键的时候，线圈接通电源，发出火花，就辐射出电磁波信号。在离他很近的地方，有一个同电流计相连的金属

青年发明家德福雷斯特

屑检波器,被他当成了接收机。检波器里的金属屑,他已经换过好多种,效果都不好。

德福雷斯特一边按电键,一边观察检波器的反应。他突然感到头顶的灯光一明一暗地在闪烁。开始,他还以为是窗外刮风引起的。后来,他发现灯光明暗的变化很有节奏,而且是由于受到电键开关的影响:按动电键,线圈发出火花,煤气灯的火焰马上变暗;松开电键,火焰立刻变亮。

想不到竟会有这样奇异的现象!德福雷斯特两眼盯着煤气灯,反复按着电键,那黄色的火焰仿佛受到一种神秘力量的控制,随着电键的节拍忽明忽暗地闪烁不定。他闪过一个念头:能不能利用这个现象来搞无线电检波呢?

德福雷斯特凭着发明家的灵感和才智,发明了一种"气体检波器"。1903年在舰船无线电通信中试用,获得了相当的成功。这项工作占去了德福雷斯特两三年的时间。

不过,用火焰来检测无线电波的方法虽然新奇,却不是上策。在今天看来,甚至还有些可笑。不但缺少足够的理论根据,而且也没有多少实用价值。因为要在每台接收机里装上火焰装置,用起来很不方便,更主要的还是检波效率不高。后来,德福雷斯特放弃了这个方法。

火焰检波器虽然被放弃了,却成了德福雷斯特通向坦途的桥梁。他从火焰检波器联想到一个问题:既然炽热的火焰能受电磁波的影响,那么炽热的灯丝不也可能会有反应吗?这虽然只是一种逻辑推理,却很有实用价值。因为他想到了用"灯泡"来检测电磁波,这就找到了打开真理大门的钥匙!

德福雷斯特正在研究用真空管检波的时候,有个朋友带来了意外的消息:英国弗莱明博士发明了真空二极管! 德福雷斯特听后受到很大的鼓舞。

弗莱明早年上过伦敦大学和剑桥大学,但都没有毕业。他是麦克斯韦的学生,先后在爱迪生电灯公司和马可尼无线电公司当过技术顾问,发明过直流电位差计,提出过左手定则和右手定则。他比德福雷斯特大 24 岁,很熟悉当时的无线电发展状况。他早就对爱迪生在 1883 年发现的热电子发射现象,即"爱迪生效应"很有兴趣,一直想发掘其实用价值。如今终于发明了真空二极管,用来代替金属屑检波器。这个新发明为电子器件的制造打开了一个突破口。

爱迪生发现了热电子发射现象,却没有想到其应用;德福雷斯特一直想发明新式检波器,却不知道"爱迪生效应"。因此,他们两人都失去了发明真空二极管的机会。弗莱明既有发明新式检波器的决心,同时又抓住了"爱迪生效应"这个关键,所以取得了成功,这是发人深省的。

德福雷斯特赶紧把刊登发明真空二极管消息的杂志找来。他读到关于介绍弗莱明发明的文章,十分激动,两手都在颤抖。兴奋和沮丧一齐涌上心头,他很羡慕弗莱明的成功,也替自己功亏一篑感到遗憾。

一连几天,德福雷斯特都处在彷徨状态中,思想斗争很激烈。他奋斗的目标被人捷足先登,多年的夙愿成为泡影,下一步该怎么走呢?

失意的发明家在小屋里徘徊,他想起中学老师讲的一段美术史上的逸事。文艺复兴时期的艺术大师达·芬奇,小时候读书很不专心,学一样,丢一样。但是不论他改学什么,都忘不了绘画。他 15 岁那年,被画师莫鲁乔带到佛罗伦萨去学画画。达·芬奇学成以后,画师莫鲁乔叫他在自己绘制的巨幅油画《约翰为基督施洗礼》里,画一个作为陪衬的天使。结果,达·芬奇竟比老师画得还好。莫鲁乔既高兴又惭愧,从此,他就改行去搞雕刻,再也不画画了。德福雷斯特从杂志上看到弗莱明的发明成功了,他的心情就像莫鲁乔看见达·芬奇笔下的小天使时的心情一样。所不同的,只是弗莱明比他年长和有声望罢了。

"我是不是也要像莫鲁乔一样改弦更张呢?"德福雷斯特暗暗问自己。

风筝和气球

fengzhengheqiqiu

20 世纪的第一个春天来到了。

马可尼没有因为自己创造的无线电通信突破 100 千米的纪录而陶醉,他把目光投向了辽阔的大西洋,渴望建立欧洲和美洲之间的无线电通信。

这是一个雄心勃勃的计划,很多内行人都认为很难实现。第一,因为当时的无线电收发报装置还处在原始阶段:发射机还停留在火花式发射机的水平,电振荡是衰减的,也没有功率放大输出;接收机很简单,检波器是老式的金属屑检波器,没有电子管放大电路,也没有现代接收机最基本的超外差接收方式(超外差接收方式,是把射频信号先同接收机所产生的振荡混合,产生一个中频信号,然后对中频进行放大、检波。这种接收方法采用固定的中频。中频放大器可以按照最佳的放大特性设计,能大大提高接收机的灵敏度和选择性,现代接收机都采用这种方式)。第二,因为英国和北美洲相隔太远,不少人担心地球的曲面会妨碍通信的实现。一般人都以为电磁波只能像光波一样直线传播,不能绕过地球曲面传播,北美洲收不到英国发来的无线电信号。

马可尼根据 1899 年在大西洋上进行通信实验得到的经验,认为电磁波有可能绕过地球曲面传到大西洋彼岸,他决心去探索。

为了实现越过大西洋进行通信的宏伟计划,马可尼做了大量的准备工作。

就在这个时候,无线电的研究领域跃出了一匹黑马,他就是德国斯特拉斯堡大学的布劳恩教授。这位模样斯文、留着络腮胡的学者潜心改进了马可尼的发射机,并发明了耦合电路和定向天线,对无线电的远距离传送信号作出了重要贡献。

布劳恩

布劳恩 1850 年出生在德国一个公务员家庭,比赫兹大 7 岁。和马可尼从年龄上相比,他算得上是一位"大叔"。不过他在无线电发明领域出山较晚,只能算是一个"后起之秀"。布劳恩 18 岁进入德国马尔堡大学学习数学和物理学,次年转到柏林大学研究电学,22 岁获得物理学博士学位。大学毕业后,他在莱比锡的一家中学教数学和自然科学,业余时间开始进行对振荡电流的研究。1874 年,布劳恩发现某些金属硫化物具有使电流单方向通过的特性。他后来利用这个半导体特性制成了检波器,使接收机的灵敏度提高了很多。

1898 年,48 岁的布劳恩开始关注马可尼的无线电实验成果,并对发报机进行了理论分析和研究。在此基础上,布劳恩对马可尼的发报机进行了根本性的改造。原本马可尼发报机的振荡线路和天线是合在一起的,这种线路产生的功率较低。布劳恩把两者分开,发明了磁耦合天线,初级线圈由电容器和火花隙构成,耦合上一根感应天线,电容电路的振荡在辐射天线中产生了极大的电流,这使得整个系统的发射功率大大增加,增大了通信距离,而且无线电接收机和发射机不需要直接与天线相连,减少了受到雷击的危险。布劳恩还发明了定向天线。定向性也是电报技术的一个难点,发射机需要定向发射,接收机也需要定向接收。布劳恩是最先实现定向发报的人之一,他发明的定向天线只在一个指定的方向上发射电波,从而使辐射能量更为集中。他还把发射机的频带调得很窄,从而减小了不同发射机之间的干扰。

马可尼很善于吸取他人的经验,改进之后为我所用。他对布劳恩的研究成果给予了充分肯定,并用于自己发射机的改进。马可尼同时还借鉴了前辈洛奇

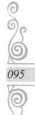

的研究成果。洛奇爵士曾于1894年发现使用电容和线圈组成调谐电路,可以变更赫兹电磁波的波长。马可尼根据这一原理,在自己的发射机上使用调谐电路,取得了出人意料的效果。这种电路相当于现代接收机的输入调谐回路,虽然不复杂,却使那种简易接收机的灵敏度和选择性有了显著的提高。装上这种调谐电路,数台发射机可以同时发射,各用各的频率,互不干扰,这是无线电设计的一大突破。

1900年4月26日,马可尼申请了"调谐或谐振电报"的专利。这个专利在无线电史上非常有名,因为专利号为7777,俗称"4个7"专利。这个专利给马可尼带来了好运,让马可尼强大的竞争者们望尘莫及。

同年10月,马可尼在英格兰西南海岸康沃尔郡的普尔杜建立了第一座大功率发射台,采用了10千瓦的音响火花式电报发射机,这是当时世界上功率最大的发射机。同发射机相配合的天线很复杂,最初架设的是一种庞大的垂直天线阵,是用2000根60米高的金属杆围成的一个大圆柱网。网的直径是45米,周围还有很多固定的缆绳,从远处望去,十分壮观。可是因为天线太高,支撑困难,没有多久就被大风刮倒了。后来,马可尼改变了设计方案,新架设的天线用很多根垂直天线排成扇形,结构牢固,抗风性强,可以一直使用下去。初次实验,通信距离达到320千米。

1901年11月26日,马可尼、肯普和另一个助手佩基乘"撒丁号"轮船,从英国西部港口利物浦起航,向纽芬兰驶去。

当时气候寒冷,甲板上常常结起薄冰。马可尼望着波涛汹涌的大西洋,心潮起伏。40年以前,勇敢的开尔文沿着这条航线铺设了第一条大西洋海底电缆。今天,他就要去开拓新的领域,完成人类通信史上的又一个壮举。

12月6日,轮船横渡大西洋,到达加拿大纽芬兰岛的圣约翰斯港。

马可尼和两个助手登陆上岸。第二天,马可尼拜访了纽芬兰的官员,受到

马可尼和助手肯普(左)、佩基(右)(1901年12月在纽芬兰)

热情接待。官员答应和他密切合作，为实验提供一切方便。

为了选择理想的接收地点，肯普和佩基陪着马可尼走遍了圣约翰斯的海岸。最后，他们看中了一座小山（后来被称为信号山）。这是一块可以俯瞰港口的高地，四面有天然屏障阻挡大西洋的飓风，山顶上有8000平方米左右的一块平地，正好可以架设气球或者风筝天线。近处有一座旧式建筑，当时已经作为医院使用。马可尼在那里选了一间屋子安放接收机。

他们抵达纽芬兰的第三天，有关实验的准备工作就都圆满完成了。

12月9日，他们在信号山开始工作。两天以后架设天线，马可尼决定用气球把接收天线升起来。天线很长、很重，他们用了一个氢气球，从信号山高地冉冉升起，大家都用期待的目光望着它。当气球升到约30米高的时候，忽然刮起了大风，气球被吹得摇摆不定。马可尼急忙指挥收紧缆绳，但

马可尼

马可尼在实验地纽芬兰岛信号山

是已经来不及了,气球很快就被吹走了。

第二天,大风还没有停。马可尼想,改用风筝可能会好些。四年以前,他在布里斯托尔海湾的成功实验,就是用的风筝。当天上午,他们赶制好一个正六边形的大风筝。在一阵紧张的操作以后,风筝牵引着天线升了起来。天线下端固定在一根粗大的电线上,通过一根引线从窗户引进设在医院里的电报机房。风筝在大风中来回晃动,但最后还是被控制住了,升到 120 米的高空。

这是一个阴冷的日子,脚下是悬崖,海水发出雷鸣般的吼声。透过朦胧的雾霭,隐约可以看到远山的轮廓,那是北美洲大陆的最东角,再向东就是浪涛滚滚的大西洋。这里和英国海岸相隔 3000 千米。圣约翰斯港躺在山边,笼罩在一片薄雾中。

马可尼记下了他当时激动的心情。

他是这样写的:"关键的时刻终于来到了,我为它做了 6 年艰苦的准备工作。各种指责和困难从来没有使我动摇过。我就要检验我的理论的正确性,证明马可尼公司和我已经获得的 300 多种专利的价值。为了进行这次实验和在普尔杜建造大功率无线电台,我们花费了几万英镑,这笔钱是不会白花的。"

为了更有把握,马可尼决定不用莫尔斯电码记录仪作为终端,他改用电话机来直接收听金属屑检波器的输出信号,因为人

1901 年 12 月 12 日实验用风筝作为天线

的听觉比记录仪器灵敏得多。这一点,是波波夫在 1899 年进行通信实验时首先发现的。当时,雷布金和舰长特罗依茨基在进行收发报实验,他们意外地发现用电话机可以直接收听电报信号,而且通信距离明显增大。雷布金当时就把情况报告给了波波夫。他们继续实验,发现信号微弱得不能启动电报机时,电话机却可以听到声音。波波夫后来根据这个发现研制出电话终端接收机,并且获得了俄国、英国和法国等国家的专利。马可尼可能从波波夫的这个发现中受到了启发。

飞越大西洋的信号
feiyuedaxiyangdexinhao

1901 年 12 月 12 日,预定的通信时间到了,大家屏息静气地等候着。大约在中午 12 点 30 分,突然响起了滴答声,这表明有信息来了。马可尼立刻抓起电话筒,紧张地听着。

三声微小而清晰的滴答声在马可尼耳边响起。啊,千真万确,这就是从大西洋彼岸传来的信号!

马可尼几乎不敢相信这是事实,他把电话筒递给旁边的肯普说:"肯普先生,你听听有什么声音吗?"

肯普接过听筒,兴奋地把它贴在耳朵上。几秒钟以后,他喊了起来:"是他们的信号,是的,三点短码!"

在莫尔斯电码中,三点短码代表 S 字母。这个信号是马可尼预先约定的。现在,从普尔杜电台发来的 S 字母信号,越过相隔 3000 多千米的大西洋,被他们清晰地收到了!

实验人员欣喜若狂。马可尼抬头仰望空中飘动的风筝,眼睛里闪现出快乐

的光芒。他确信,不用电缆进行横越大西洋通信的时代已经不远了。

几分钟以后,信号中断了。肯普发现风筝被风刮到另一个方向去了,天线的有效高度相应降低了。

大家耐心守候着。经过半小时,电话听筒里第二回传出了三下滴答声,然后又沉寂了。信号山高地上的大风不断地改变着风筝和天线的位置。又过了几分钟,电话听筒里第三回传出了清晰的滴答声。三回大约共有 25 次。在随后的时间里,还可以听到这种声音,不过由于信号太弱,听不大清楚。

马可尼将这一科学史上的伟大时刻简单地记录在笔记本上:"12 点 30 分、1 点 10 分和 2 点 30 分接到信号。"

越过大西洋进行无线电通信的实验结束以后,马可尼同肯普、佩基微笑着走出医院大楼,站在台阶上。一直等在外边的摄影记者纷纷给他们拍照。

这是非常珍贵的历史留影。当时,马可尼只有 27 岁。

第二天,马可尼准备再次重复这个实验,但由于信号山上的

普尔杜电台纪念碑

风太大,风筝晃动得很厉害,只好作罢。当天下午,马可尼通过海底电缆给伦敦马可尼公司的董事拍发了一份电报,说信号已经收到,由于天气恶劣,不能继续实验。晚上,他把成功的喜讯告诉了圣约翰斯城的邮局,邮局马上用有线电报把这个重要新闻传到世界各地。

正在加拿大蒙特利尔的卢瑟福,获知无线电信号飞越大西洋的消息后,不禁为马可尼的成功感到由衷的高兴。卢瑟福三年前应聘到蒙特利尔,担任麦基尔大学的物理学教授兼实验室主任,人称"少帅教授"。卢瑟福此时正全力研究 α 射线和 β 射线的特性,但马可尼的成功令他兴奋异常。就像邂逅初恋情人一样,卢瑟福心中又激起对无线电的痴狂之情。

消息传来不久,卢瑟福就重温旧梦。起初是应校方的要求,请他给学生们举行一次科普讲座。于是,卢瑟福在麦基尔大学作了一次即兴的无线电演讲。他从赫兹证明电磁波讲起,讲到赫兹吹响了进军的号角,许多科学家都在做同一个梦——让电波飞越陆地、海洋和天空传送信号,使人类实现无线电通信。他本人也曾经加入这个伟大的行列……如今,一个来自意大利的业余发明家,年轻英俊的马可尼,终于让众人的梦想成真——无线电信号从英国西南海岸的普尔杜,飞越大西洋,传到3000多千米外的加拿大纽芬兰岛。这是人类通信史上划时代的一个突破!

卢瑟福的这次演说引起了轰动。场下到处挤满了听众,有些找不到座位的学生甚至爬上屋顶,透过通风的天窗来听他演讲。学生们不断地欢呼:"无线电万岁! 无线电万岁! "

卢瑟福在给母亲的一封信中,提到了这次演讲的盛况。

老人读了信,高兴得嘴都合不拢了:"这孩子是在表演魔术吧? 这么多人挤着瞧! "

事实上着魔的不仅是学生,卢瑟福本人对无线电迷恋的程度从来都没有减弱过。这次演讲之后,他还试图对一辆快速行驶的火车传送无线电信号。他的此番计划得到铁路部门的大力支持。在多伦多,卢瑟福在约 13 千米外的地方成功把无线电信号传到了火车上。这位无线电发明家的风采和水准,依然不减当年!

再接再厉
zaijiezaili

"S"信号顺利越过大西洋,这是无线电发展史上的重大突破。很多人为此欢呼和赞美。但是,怀疑的人也不少。

一些老学究从报纸上看到实验成功的消息以后,不相信是事实。有的人甚至嘲讽说:"'只燕不成夏',一组S字母不能算莫尔斯信号!"所谓"只燕不成夏",是伊索寓言里的一句话,表示只看见一只燕子还不能说明是夏天来了。他们硬是不承认马可尼的实验传送了信息。有些专家还怀疑普尔杜的大功率发射台可能会干扰其他船只的短程通信。学术界某些人更是对马可尼进行诋毁,只因为马可尼不属于他们的圈子。他们说马可尼没有接受过大学教育,既没有文凭,也没有职称,充其量只能算个电工,还奢谈是"无线电发明家"。

一些报刊显然是收受了某些公司的津贴,才对马可尼怀有敌意的。但是,英国最有影响的《泰晤士报》在关键时刻却大力支持青年发明家马可尼,接连发表文章积极宣传马可尼的实验,并给予很高的评价。很多年以后,马可尼在回顾这段经历的时候,还对《泰晤士报》充满感激之情。

当年,马可尼除了要对付不公正的舆论外,还得对付某些公司的挑战。正像爱迪生发明电灯引起煤气大王的忌妒一样,马可尼利用无线电横越大西洋传送信号的实验获得成功,也引起了英美电报公司的忌妒。这些有线电报公司的老板享有大西洋海底电缆的专利,他们担心马可尼的成功会使他们的利益受到影响,因此认为马可尼侵犯了电报公司的权利,还反对马可尼在纽芬兰建立商用无线电站。后来经过美国和加拿大政府的调停,矛盾才缓和下来。

不管怎样,无线电远距离通信已经作为新生事物出现在地球上,这是客观存在的。电报公司的老板们渐渐认识到，不承认这个客观事实是不行的。1901年的年底，远东电报公司和英美电报公司举行年会，大会主席引用了几位专家的评论来安抚各个股东。他要大家看清形势，解除顾虑。其中，有一位专家的评论是这样的："尽管建立一个商业无线电系统已经快要成为事实，但是海底电缆在长时期里还是长途电报的重要工具。很明显，无线电在保密和可靠性等方面不能同海底电缆竞争，它不能完全取代海底电缆。"

这个判断是很有见解的，无线电的确不能完全取代海底电缆（直到100多年以后的今天还是这样），就像飞机不能完全取代轮船一样。不过，无线电的快速、经济和无处不到等优点，又是海底电缆没法相比的。

用无线电传送 S 字母横越大西洋的实验取得成功以后，只要建立起永久性的电台，洲际间的无线电通信就指日可待了。

为了向全世界证明这一点，1902 年 10 月，马可尼在普尔杜发射台和美国轮船"费拉德尔菲亚号"之间进行了进一步的实验。这艘轮船是从英国南安普敦港（同怀特岛隔水相望）航行到美国纽约的。发射机和前一年用的相同。船上的接收机采用固定天线，架设在主桅杆上，高出海平面 60 米。接收机终端用的是莫尔斯电报机，可以把信号记录在电报纸上。

这次实验进行得特别顺利。"费拉德尔菲亚号"在距离普尔杜发射台 2500 千米的地方收到了从普尔杜发来的电报信号，电文有确实的内容。如果拍发测试字母，接收距离就会更远，可以达到 3200 千米。实验完毕，马可尼展示了电报纸的记录信号，对收发距离也认真进行了核实，并且让船长米尔和船上的主管官员签了字。这次实验的结果公布以后，怀疑派终于无话可说了。

加拿大政府对这次实验取得的成绩很满意，财政部长威廉·菲尔丁特地拨出 1.6 万英镑给马可尼，让他在格拉斯湾建立一个大功率的发射台。

1902 年 12 月的一个夜晚，相隔 3000 多千米的普尔杜发射台和格拉斯湾发射台开始尝试通信，这是在英国和加拿大之间第一次正式进行的洲际无线电通信。实验结果，英国接收加拿大发出的信号很清晰，加拿大接收英国发出的信号要差些。这表明普尔杜发射台的发射功率还不够大。于是，马可尼公司又花费了一笔钱，改装普尔杜发射台的设备。改装完成以后，两台之间的正式通信完全成功。第一份从加拿大拍到英国的正式电报是马可尼发给英国国王和意大利国王的。两位国王收到电报以后，都回电表示感谢。

美国对加拿大和英国之间的通信成功，十分羡慕。不久，他们就请马可尼主持，在科德角修造了一座大功率的发射台。从这里发给英国的第一份无线电报是美国总统发给英国国王的。无线电成了各国政府首脑和国王的宠儿。

1903 年春天，人们开始从美国向英国《泰晤士报》用无线电传送新闻，每天的最新消息当天就可以见报。曾经诋毁过无线电通信实验的人只好认输。

1904 年，英国人弗莱明博士发明了真空二极管，同年 11 月 16 日获得专利。马可尼用真空二极管作为越洋无线电通信的检波器，效果非常好。无线电接收机的检波器，从赫兹使用的最原始的电波环，到布冉利、洛奇和马可尼早期使用的金属屑检波器，以及卢瑟福发明的磁性检波器，再发展到弗莱明的真空二极管检波器，灵敏度不断提高，对增大通信距离起到了重要作用。

这时候，马可尼的事业已经在全世界范围内取得了很大的发展。除了英国、意大利、加拿大和美国以外，德国、比利时和刚果等很多国家的海岸和要塞也都建造了马可尼式的无线电台，成百艘在大西洋航线上行驶的邮船也纷纷采用了马可尼的装置。无线电开始成为全球性的事业。

马可尼建立的一处无线电发射基地

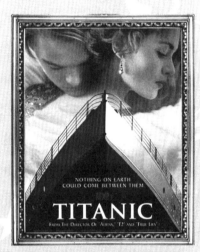

KEXUE JUREN DE GUSHI

海洋上的信使

给无线电装上心脏

geiwuxiandianzhuangshangxinzang

前面提到,弗莱明捷足先登发明了真空二极管,使德福雷斯特非常沮丧。但这位美国的业余发明家没有因此灰心丧气。

他想起了十年前芝加哥博览会带给他的鼓舞,想起了同马可尼有意义的会见。不,不能改弦更张,不能就这样半途而废!德福雷斯特认识到,科学发明是人类共同的事业,不是个人的事情,谁发明了第一个真空二极管并不重要,重要的是它已经被发明出来了,而自己也是许许多多探索者中的一个。既然弗莱明首先打开了突破口,为什么自己不能跟着冲上去呢?

德福雷斯特找到一个熟悉的灯泡厂技师帮忙,制作了几个真空管。真空管的灯丝是白金丝,灯丝附近安装了一块金属屏。这和弗莱明的真空二极管很像,唯一的区别是在两极之间接了一个小电容器。其实,这个电容器对检波并没有多大作用,也许德福雷斯特还有其他考虑。他把真空管装在接收机上,代替老式的金属屑检波器,果然很灵验。

一个发明家,如果只是重复别人的劳动,自然就不会有什么大作为。德福雷斯特对自己的这次实验并没有满足,他既有独创的雄心,又有丰富的想象力。弗莱明的二极管同金属屑检波器比起来,确实是前进了一步,但只能用于检波,不能放大。德福雷斯特看到了这点,他想试一试,希望再改

德福雷斯特和他发明的电子管

进一下。

德福雷斯特在他的电子管里安装了第三个电极。这是一片不大的锡箔,位置在灯丝和屏极之间,乍看起来没有什么特殊的地方。但是,正是这个不显眼的小电极,改变了无线电世界的面貌。德福雷斯特惊异地发现:在第三极上施加一个不大的电信号,可以改变屏极电流的大小,而且改变的规律同信号一致。他马上意识到,这种情况表明了第三个电极对屏极电流具有控制的作用。这个发现非同小可,因为只要屏极电流的变化比信号的变化大,就意味着信号被放大了。而这正是很多发明家梦寐以求的目标。

德福雷斯特预感到这个发现的惊人价值,他沉住气,毫不声张地继续进行实验。为了提高控制的灵敏度(控制越灵敏,放大作用越强),德福雷斯特多次变动小锡箔在两极之间的位置,他的实验台上摆满了一大堆试过的真空管。最后,他发现用金属丝代替小锡箔效果最好,于是就将一根白金丝扭成网状,封装在灯丝和屏极之间,世界上第一个真空三极管就这样诞生了!它又称为"电子管"。由于控制极的形状很像网栅,德福雷斯特把它称为"栅极"。它像一个非常灵敏的控制闸,按照施加信号的变化,有规律地改变着屏极电流的大小。由于屏极电流比栅极电流大得多,因此,微小的电信号经过真空三极管就被放大了很多倍。

真空三极管与二极管相比,是一个质的飞跃,对无线电的发展产生了深远的影响,这在后面还要谈到。事实证明,科学发明的成功或者失败,并不在于起步的早晚。事在人为,德福雷斯特虽然走在弗莱明的后边,但是他不灰心,不气馁,结果后来者居上,作出了更大的贡献。

不过,真空三极管获得社会的承认,也经历了一番曲折。德福雷斯特发明电子管以后,因为没有资金进行进一步的实验,就像当年的莫尔斯一样,带着自己的发明去找几家大公司,想说服那些老板给他资助。由于他不修边幅,穿

马可尼

德福雷斯特发明的电子管

着破烂，前两家公司将他拒之门外，门房甚至怀疑他是个行为不轨的人。

第三家公司的门房把他当成流浪汉，也不准他进去。德福雷斯特百般解释也无济于事，就掏出新发明来，详细解说其新奇结构、放大特性和应用前景等，想打动门房。不料，门房见到他把一个玻璃泡吹得神乎其神，不由得心生怀疑，只当他是个骗子，就去报告了经理。

公司经理赶紧出来。他也是个势利小人，看见德福雷斯特衣着破旧，正举着一个玻璃泡向围观者宣传，心里早有几分不悦。这时，他听见德福雷斯特大声说："大家不要小看这个玻璃泡，它可以把很小的电磁波信号放大到连听力不好的人都能听见。"经理不听倒罢，一听这话，就断定他是地地道道的骗子，不容分说，就叫来几个彪形大汉把他连推带拉地扭送到警察局。

没过多久，法院开庭审判，这就是1906年春天那个富有戏剧性的案子。

德福雷斯特开始被控告"公开行骗"，接着又有人告他"私设电台"。青年发明家遭到诬陷，但是并不畏惧。他机智地利用法庭这个公开的讲坛，大力宣传自己的发明。他充满信心地说："历史必将证明，我发明了空中帝国的王冠。"德福雷斯特说的"空中帝国"，指的是无线电；"王冠"，指的是真空三极管。

青年发明家的斗争终于胜利了，法院宣判他无罪释放。这场官司反倒使他出了名。1906年6月26日，他发明的真空三极管获得美国专利，后人把这一天作为真空三极管的诞生日。当时，德福雷斯特还不满33岁。同时，三极管的第三个极被正式称为"栅极"。德福雷斯特首先把三极管应用在无线电接收机屏极检波电路上，使通信距离大大增加。不久，三极管又被用在电话增音机上，解决了贝尔电话公司当时正在设计的美国长途电话的关键问题。

德福雷斯特在进行实验

德福雷斯特签名照

当然,新生事物一开始总是不完善的。最早的三极管在性能上有两个主要缺点:屏极电流不稳和寿命不长。德福雷斯特经过反复研究,发现屏极电流不稳的原因是由于屏极和栅极都是平板状的,从阴极发射出来的电子有一部分散射到两侧的玻璃上,使电流不均匀。后来,他把屏极和栅极都改成圆筒状,把阴极围起来,问题就解决了。三极管寿命不长的问题,后来也弄清楚了,那是因为真空度不够造成的。到1910年,德国科学家发明分子泵以后,三极管里可以抽成高度真空状,使用寿命延长到上千个小时。从此以后,三极管很快就投入大批量生产,广泛应用。到1918年,各种类型的无线电收发报机和电子设备都普遍采用了三极管。由于三极管的放大功能,出现了很多新型的电子电路,比如电子管振荡器、混频电路、放大器、多谐振荡器和双稳触发器等,最后还改变了早期通信机的制式。原来简单的直发直收和用检波作为核心的通信方式,在1912年以后逐渐被阿姆斯特朗和费森登(1866—1932)发明的超外差式所取代。超外差式在选择性和灵敏度上都具有很大的优越性,构成了现代各种通信机的基本制式。在现代

接收机中,检波器已经退居到次要的地位。总之,三极管使无线电发生了根本的变革。正像一个日本传记作家指出的:"真空三极管的发明,像升起了一颗信号弹,使全世界科学家都争先恐后地朝着这个方向去研究。因此,在很短的时期里,电子器件获得了惊人的发展。"从三极管发展到四极管、五极管、七极管和大功率发射管等,形成了一个庞大的电子器件家族。

电子管的出现是电子科学技术史上一件划时代的大事,不仅推动了无线电技术的迅猛发展,还奠定了近代电子工业的基础。正因为电子管的出现,在短短的 20 年里,远程无线电通信、无线电话、收音机、广播、电视、雷达和高频加热炉才像雨后春笋那样涌现出来,世界上第一台电子计算机才能够制造出来。

人们把电子管称为无线电的心脏,一点都不过分。准确地说,电子管是整个电子工业的心脏。即使在晶体管和集成电路广泛应用的今天,电子管在电子工业中也仍旧起着重要的作用。

德福雷斯特除了发明三极管以外,还为电子技术的发展做了不少工作。他参加了发明再生电路的工作,后来还研究过有声电影。德福雷斯特晚年的生活过得比较平静和快乐。他出售专利获得的资金,一部分花费在涉及发明权的诉讼上,一部分用来成立了一个无线电研究所。一些无线电发明家都很长寿,布冉利终年 96 岁;洛奇跟布冉利同年去世,享年 89 岁;德福雷斯特一直活到 1961 年,享年 88 岁。他的后半生不像有的发明家那样显赫,71 岁那年,他在好莱坞附近办了一家小工厂,依靠生产和销售一些传热电器维持生活。由于瑞典皇家科学院的疏忽,德福雷斯特没有获得诺贝尔奖。但是,他卓越的贡献却是举世公认的,他被尊称为近代电子工业的鼻祖。美国人民甚至尊称他是"无线电之父"。

虽然德福雷斯特一生经历了坎坷和曲折,但没有获得荣誉和地位。他没有获得爱迪生那样的辉煌战果,也不像马可尼那样赫赫有名。但是他发明的三极管,却给刚刚诞生的无线电事业开辟了无限广阔的前景。正是他给无线电装上了心脏,这就是他的功勋,他的伟大。

发明权的诉讼
famingquandesusong

在科学史上,当一项重大的发明刚刚破土而出的时候,总会遇到种种非难和阻力,而它一旦开了花,结了果,接踵而来的就是有关发明权的争论:究竟谁是真正的发明者?

无线电事业展现出了灿烂的前景,无线电的发明权也就成了追逐的目标,有的人不承认波波夫的工作;有的人对马可尼的贡献提出非议;有的人质疑,功劳究竟该归波波夫、马可尼,还是更早的先行者?

几位无线电事业的先驱,像布冉利、洛奇和卢瑟福等,他们都对发明权抱着谦虚的态度。

波波夫既肯定了自己的工作,又承认马可尼的贡献。同时,他也对马可尼提出了一点批评。

1902 年 7 月,波波夫和马可尼曾经见过面。马可尼随同意大利国王,乘巡洋舰"卡洛艾伯图号"访问俄国喀什港。俄国各报发表了热情的文章,称赞马可尼在俄美之间第一次建立了无线电通信。在港口,波波夫登上巡洋舰拜访了马可尼。根据当时在场的马可尼的朋友苏拉尼回忆:"当波波夫来到巡洋舰上的时候,握着马可尼的手说:'我对无线电之父表示祝贺!'"苏拉尼把这点作为依据,证明波波夫承认马可尼是无线电的发明人。平心而论,波波夫如果真说过这句话,当时的场合下,也只是一句表示友好和尊重的话。苏拉尼忆,波波夫一开始就说他 1895 年进行过几次无线电实验,不过都是记录天空放电的。他没有在马可尼之前进行过电磁波传播信号和无线电报的尝试。这段话只是苏拉尼一个人说的,没有旁证,最多只能说明波波夫的谦虚罢了。

但是,俄国政府却没有这样"谦虚"。1908 年,俄国物理化学协会专门成立了一个委员会,对发明无线电的优先权问题进行调查,实际上是给波波夫的发明权寻找根据。那个委员会向很多外国学者发信征求意见,之后就宣布波波夫享有发明无线电的优先权。这些"爱国"教授们理直气壮地表示,是波波夫最早发明了无线电报,连布冉利都承认这一点,他说过:"无线电报实际上是从波波夫开始的。"马可尼应该靠边站!

英国的学者们不服气。他们提出了更充足的理由:瓦特没有发明蒸汽机,但是他发明了在冷凝器里冷凝蒸汽,使不经济的纽可门蒸汽机变成了实用的蒸汽机,最后导致一场工业革命。莫尔斯也不是第一

1945 年苏联将 5 月 7 日定为"无线电节"(邮票)

个发明电报机的,但是他发明了莫尔斯电码,电报才成了广泛应用的通信工具。同样,马可尼虽然没有在波波夫以前进行过真正的无线电表演,但他是第一个使无线电走出实验室的人,也是第一个让无线电飞过大西洋、变成真正实用的通信工具的人。世界上公认瓦特发明了蒸汽机,公认莫尔斯发明了电报,也就应该公认马可尼发明了无线电!

1905 年 5 月 4 日,在美国关于无线电发明权的一场诉讼中,北美巡回法庭判定马可尼是无线电发明人。宣判的时候,法庭庭长有一段别具一格的判

词,后来成为无线电学史上著名的文献。判词如下:

1887 年,赫兹关于电磁波的新发现是空前的,惊醒了全世界的科学家。因此,有人试图否认马可尼的伟大发明。实际上,九年过去了,没有一个人使电磁波得到实用或者取得商业上的成功,而马可尼却是第一个说明并且用赫兹波成功地传送简明易懂的信号的人。

马可尼对于火花电报技术的贡献,可以这样来叙述:麦克斯韦和克鲁克斯提出了用去穿放电产生电振荡的理论,赫兹产生了这个振荡并且说明了它的特性。洛奇和波波夫的发明只局限在讲演和局部实验的装置上,或是像雷雨观测这种不能实用的仪器。马可尼发现了把这些振荡转变成一定信号的可能,并且利用他自己手中的工具,结合其他实验室已经不用的仪器,进行了一系列进一步的实验,经过不断的改进,终于使他的发明发展成为完善的系统,成功地应用到商业上。

其他发明者,在电学领域的大海中冒险向前,他们遇到赫兹波的浪潮却让它滚滚而去,并没有意识到这种新潮流会促进世界商业的货运和贸易。他们也曾经注意到能够揭示它特性的现象,但是怀疑是否可能实现,并且担心在破浪前进中会遇到暗礁、海峡的阻碍以及搁浅的沙洲。而马可尼敢于扬起风帆,到未知的潮流中去探索,他第一个开辟了新的航线。

资本主义社会的法庭常常被利害关系所左右,他们的法律不一定就是真理。但是,庭长的这个判决却是比较符合历史事实的,后来获得了世界上大多数国家的认可。

关于无线电发明优先权的争论,秦克诚在《邮票上的物理学史》一书中,有一段中肯的评述。他指出："在无线电发明权问题上,波波夫起步稍早,但是马可尼的资金和设备条件比波波夫好得多,后来者居上,最先将无线电报实用化和长距离化,成就比波波夫大得多……马可尼和波波夫各自独立地进行研究,对无线电的发明都作出了贡献,对他们各自的贡献都应当恰如其分地承认。他们取得的成就既与他们的性格有关,也受到社会经济条件的制约。波波夫的学术兴趣更广泛(例如,他是俄国第一个重复伦琴的 X 光实验的人),而马可尼的目标更专一,也更有商业头脑,他就是要造出能够卖出去的东西。他意识到在意大利没有发展条件,就跑到当时最发达的国家英国,拉赞助、建公司,不断改善自己的研究条件,结果名利双收。"

还有一个重要的事实就是, 像无线电这样人类历史上从未有过的崭新技术,是在科学新发现的基础上萌生并发展起来的。如果没有麦克斯韦对电磁波的预言,没有赫兹通过实验证实电磁波的存在,就没有无线电技术。而在赫兹的实验之后,一批又一批人投入到了探索无线电的行列,无线电的发明已是历史的必然。

如同法国物理学家德布罗意所说:"我们在这里看到, 科学家不求实利的研究和工程师、技术人员更有具体目标的努力走到一起来了,就像发源于不同国家的溪流流到一起汇成一条大河,科学发现和工业发明联合在一起,带来了无线电伟大的成就。"

同时,技术发明并不是孤立的事件,而是一条长河,无线电的诞生汇聚了许多人的聪明才智。他们中的佼佼者,包括布冉利、洛奇、卢瑟福、特斯拉、波波夫、马可尼和布劳恩,以及后来的德福雷斯特等人。可以说,这是一个英雄群体前仆后继所创建的丰功伟绩!

马可尼的成功和伟大就在于,他是其中最执着、也是最幸运的集大成者。

荣获诺贝尔奖

ronghuonuobeierjiang

1909 年 11 月，马可尼和布劳恩因为发明无线电报的功绩，荣获了该年度的诺贝尔物理学奖。

有意思的是，就在一年前，即 1908 年，37 岁的卢瑟福因为提出放射性元素蜕变理论，荣获该年度的诺贝尔化学奖。在颁奖典礼上，卢瑟福诙谐地说："在我的一生中，经历过各种不同的变化，但最快的要算这次了：一夜之间我从物理学家变成了化学家！"作为无线电的先驱者之一，卢瑟福没有摘取发明无线电的桂冠，却在原子物理领域作出了巨大贡献。1898 年，他从铀辐射中发现 α 射线和 β 射线，并于 1902 年提出元素蜕变假说，指出原子并不是最小的微粒，是可以分割的。这个理论推翻了物理学的传统观念，带有革命性。顺便提一句，就在马可尼获得诺贝尔物理学奖的第二年，卢瑟福发现了原子有一个核。这是他一生中最重要的发现，也是原子物理学史上最伟大的发现。

1909 年 12 月 10 日，在瑞典斯德哥尔摩举行了本年度诺贝尔奖隆重的颁奖仪式。瑞典王室成员和政界领导人及其他各界人士共上千人出席。

35 岁的马可尼身着黑色燕尾服上台，从瑞典国王的手里接过了诺贝尔奖证书和奖章。观众席上响起了热烈的掌声。

瑞典皇家科学院院长希尔德布兰致颁奖辞。首先，他向为无线电开辟道路的三位伟大的先驱者表示了敬意：

今天晚上，当我们向在发展无线电报中作出最大贡献的两位科学家颁发诺贝尔奖的时候，首先我们应当对那些在数学物理和实验物理方面进行了杰出工作，从而开辟了通向伟大实践道路的已故伟大科学家们表示敬意。 他们是法拉第、麦克斯韦和赫兹，

马可尼和布劳恩获诺贝尔奖(瑞典纪念邮票)

法拉第以他那无比敏锐的智力觉察出光和电现象之间的密切关系；麦克斯韦把他掌握的概念和思想变成数学语言；赫兹用他的经典实验使有关电和光的本性的新概念具有了真正的事实基础。1888 年，赫兹通过莱顿瓶以振荡形式放电的实验，第一次证明了电磁波的存在，并且在空间以光速传播。这一发现不仅成为电学科学的基础，而且也是无线电报的基础。

希尔德布兰还高度赞扬了马可尼的贡献：

但是，这仅仅是从电波的传播距离只有数米远的实验室小规模实验迈向远距离传递的伟大的一步。在此时此刻需要这样一位人物，他能够掌握这一事业的命运，能克服在实现这一理想的道路上所遇到的一切困难。完成这一伟大任务的使命就落到了马可尼的肩上。尽管以前人们对这一工作也有过设想，并且实现这一事业的时机和必要条件均已具备，但首次实验的荣誉从各方面来说都应归于马可尼，

我们理所当然承认，由于他不屈不挠的精神使他达到了给自己定下的目标，他取得了首次的成功。

1895 年，马可尼用赫兹波进行了第一次信号传递实验。从那时起经过了 14 年，无线电报一直在发展着，直到今天取得了这样具有重大意义的成功。1887 年，无线通信的距离只有 14 千米—20 千米，而今天，电波可以在新、旧大陆之间传递，所有的海船都有了自己的船上无线电报设备，每一支重要的舰队都使用着无线电报系统。

最后，希尔德布兰院长展望未来，颂扬无线电是那个时代最光辉的科学发现中的一朵奇葩：

> 科学工作者和工程师们为发展无线电报而一刻不停地辛勤劳动着。将来会发展到何种地步，现在我们尚不知道，但从已取得的成就来看，这一发明是以最理想的方式使有线通信得到了扩展，它既不受固定线路的约束，也不受空间的限制，我们可以在相距很远的两个地方，跨越大海和荒漠进行联系。这是一项成果壮观的实用的发明，它是我们这个时代最光辉的科学发现中开出的一朵鲜花！

马可尼的获奖演讲论文是《无线电报通信》。

马可尼充满感情地回顾说："早在 1895 年，我在家乡意大利博洛尼亚附近就进行过实验，想知道是否有可能不用导线而用赫兹波把电报信号传送到一定的距离外。我用赫兹波进行了不多的初步实验后立刻非常坚信，如果电报能够在相当远的距离上可靠地被发送和接收，那将会出现一种新的有效的通信系统。它比闪光信号和其他光学通信方法更具有优越性，因为后面这些通信方法的可能性完全取决于大气的透明度……"

在这篇长达 23 页的论文中,马可尼详尽地叙述了自己探索无线电报的历程和取得的重要成就。在论文最后,马可尼展望了无线电最终能够实现人类全球通信的前景。

和马可尼同时分享本年度诺贝尔物理学奖的布劳恩,当时 59 岁,是一位知名度不高的德国教授,被称为无线电研究领域的"黑马"。布劳恩比马可尼大 24 岁,是阴极射线管的发明人。他发明过耦合电路和定向天线,对无线电的远距离传送信号贡献卓著。

布劳恩的获奖演讲论文是《电振荡和无线电报》。

至于拍发世界上第一份无线电报、毕生为发展无线电事业奋斗的波波夫,由于沙皇的封建腐朽,他的事业没有得到国家的充分支持,最后功败垂成。波波夫在 1906 年 1 月 16 日因患脑溢血,突然去世,年仅 47 岁。由于诺贝尔奖只发给在世的科学家,所以波波夫没有获得这个荣誉。

科学家有自己的国籍,但是科学是没有国界的。马可尼和波波夫,无论他们属于什么民族,有什么样的个人命运,他们发明无线电的丰功伟业是造福子孙万代的,值得永远纪念。

"泰坦尼克号"灾难
taitannikehaozainan

在马可尼荣获诺贝尔奖的那年 1 月,大西洋上发生了"共和国号"同"佛罗里达号"两艘轮船相撞的事件。"共和国号"是英国一家轮船公司的一艘轮船,排水量15000 吨。1909 年 1 月 22 日,它从纽约驶向英国,船上载有旅客 460 人,船员 300 人,是在黎明前的大雾中和载有 800 人的"佛罗里达号"相撞的。

幸亏船上有无线电装置,可以及时呼救,所有的旅客和船员才得以脱险。它向全世界表明,无线电是在海洋上遇险人员求救的信使。

就在这个撞船事件发生三年以后,这家英国轮船公司建造了一艘更大的轮船"泰坦尼克号"。这是当时世界上最大的一艘邮轮,排水量46000吨,总长267米,双层船底,船上装备了最新式的机器,还有豪华的设备,号称永不沉没的"水上之城""人类进步的象征"。

晚霞映照下的"泰坦尼克号"

1912年4月10日,在几千人的欢呼声中,"泰坦尼克号"在英国南安普敦港下水,开始了横渡大西洋的处女航行。

这艘超级豪华的大轮船载着1348名旅客和864名船员,总共2212人。轮船的设计师安德鲁和公司董事长也随船同行。航程的终点是纽约。当时的英美报刊对这次远航大肆宣扬,英国人都因为"泰坦尼克号"要去远航而感到格外自豪。一些商人也争先用"泰坦尼克号"的图案作为商标。"泰坦尼克号"在当时是无可比拟的奢华,船上配有室内游泳池、健身房、土耳其浴室、图书馆、电梯和壁球室。头等舱的公共休息室由精细的木质镶板装饰,配有高级家具以及其他各种高级装饰,许多细节都模仿了凡尔赛宫。

"泰坦尼克号"航行在烟波浩渺的大西洋上,船舱里不时传出舞会的音乐声和人们的欢声笑语,电报室不停地拍发着旅客的私人电报。按照当时的规矩,横渡大西洋最快的轮船,返航时要在桅杆上升起一条漂亮的蓝色锦带,这是海上的最高荣誉。为了夺取这份荣誉,在公司董事长的催促下,"泰坦尼克号"一直全速前进。

4月14日晚上,"泰坦尼克号"驶进了纽芬兰南边的洋面。船长史密斯考虑到这里常有冰山出现,决定减速航行,并且改变航线,绕过冰区。但是董事长怕夺不到荣誉,硬是不同意。就在这时候,航行在前面的"加利福尼亚人号"发现险情,向"泰坦尼克号"发出了警报。恰好"泰坦尼克号"当时正在拍发船上一个大商人的私人电报,所以没有收到这个警报。深夜,当"泰坦尼克号"发现险情时已经来不及了。11点40分,一座冰山迎面漂来,邮船躲避不及,右舷被撞开一条大裂口。根据设计,"泰坦尼克号"有16个密封舱,即使4个密封舱进了水,船也不会沉没。但是裂口将近百米长,5个密封舱都进了水,船注定是要沉没了。

"它不能沉,它不能沉!"史密斯船长对设计师说,不敢相信眼前的现实。

"泰坦尼克号"沉没场景图

"它不可能不沉,最多只能坚持一个半小时了!"设计师冷静地回答。

"泰坦尼克号"撞上冰山之后不久,船长走进电报机房,表情十分严肃地说:"立刻呼救!"

报务员菲利普马上按动电键,发出"CQD MGY"的求救信号。CQD是当时通用的遇险信号,MGY是"泰坦尼克号"的无线电呼叫代号。但是一直没有得到明确回复,附近也没有船只前来救援。最后在走投无路的情况下,菲利普对另外一个人说:"发送'SOS'求救信号,这是一种新的国际通用呼救信号,它可能是我们最后的获救机会。"全部电文为:"SOS,SOS.快来救我们,我们撞上了冰山。方位是北纬41°46′,西经50°14′。SOS." 很多大西洋上的船只都收到了求救电报。加拿大太平洋公司的"圣殿山号"、卡纳德公司的"卡佩西亚号"和俄国货船"缅甸号",还有"法兰克福号""弗吉尼亚号""奥林匹克号"等船只都在加速向出事地点赶来。

第一个回应的是艘德国船"法兰克福号",但是它远在"泰坦尼克号"西南方约252千米的地方。接着,从纽约开来的"卡帕夏号"也收到了呼救信号。它离"泰坦尼克号"的出事地点约148千米,最快也要4小时才能赶到。拍发过冰情警报的"加利福尼亚人号",这时就停泊在离"泰坦尼克号"大约18千米的地方,连船上的灯光都隐约可见,完全来得及赶来营救。但是,"加利福尼亚人号"的报务员擅离职守,这时关掉电报机睡觉去了,所以没有收到"泰坦尼克号"的呼救信号。此船如果在收到电报后全速救援,可以赶在沉船前到达现场,可惜它没有。

"泰坦尼克号"这座"水上之城"在一点一点向下沉。全船共有2200多人,救生艇却只能容纳1200人,只好让妇女和儿童先上。在这场悲剧中,船长史密斯十分镇定,船员们也表现出自我牺牲的精神。为了稳定人心,船上的乐队成员一直在甲板上演奏,最后全部罹难,演出了悲壮的一幕。只有公司董事长溜上了妇女和儿童乘坐的救生艇,苟全了性命。

在不停下沉的船上,报务员菲利普一直坚守在收发报机旁边,和赶来援救的船只进行联络,但信号已经变得很弱。在最后的时刻,史密斯船长走进电报机房,通知报务员说:"应该做的事,你都做了。现在可以离开你的岗位了!"

菲利普还是坚守在岗位上，大约又继续工作了15分钟。最后收到他电报的是"奥林匹克号"，电文是："尽力赶来——立刻来——机房就要淹没了。"发报时间是4月15日凌晨2点。20分钟以后，"泰坦尼克号"裂成两半，沉入海底。根据一位幸存者说，在"泰坦尼克号"沉进大西洋时，菲利普仍旧站在甲板上。船长史密斯和设计师安德鲁也和"泰坦尼克号"同归于尽。

"卡帕夏号"天亮赶到现场，只救起705个人，另外的1500多人全部遇难。

"泰坦尼克号"失事的惨剧震惊了全世界。整个事件表明，无线电在航海事业中具有不可估量的作用。由于及时发出呼救信号，使700多人从死亡线上被救了起来；相反，也由于"加利福尼亚人号"没有收到"泰坦尼克号"的呼救信号，竟使1500多人葬身海底！全船人的安危都维系在无线电上。英国《泰晤士报》事后发表评论："我们感谢马可尼发明的装置，它使'泰坦尼克号'能够最快发出出事的消息和呼救信号。在这以前，有很多豪华的船只，没有发出任何遇难的信号就沉没了。""泰坦尼克号"是世界上第一艘发出SOS电码的船只。

在"泰坦尼克号"失事的调查中，马可尼被请到法庭上去作证。他回答了一些技术问题，并且首次提出安装自动报警装置的建议。根据马可尼的设想，可以在轮船上安装一种自动呼救装置和自动报警接收机。当轮船遇难的时候，只要打开自动呼救装置，就可以自动发出信号和报告船的方位。接收机一旦收到其他船只的特殊呼救信号，就自动响铃报警，通知船长。为了能够启动电铃，马可尼提出需要在呼救信号开始以前，先发出15秒或者30秒的持续脉冲。由于这个建议牵涉到当时国际公约的规定，所以没有被采用。马可尼的设想，直到几十年后才实现。

所幸的是，马可尼本人与这次海难擦肩而过。

马可尼本来有一张英国公司赠送的船票，但在"泰坦尼克号"起航前三天，

马可尼先登上了另一艘英国轮船"卢西塔尼亚号"。据说是因为他的速记员在那艘船上，而他当时有一篇学术论文需要完成，马可尼因此逃过一劫。但后来也有人声称，如果马可尼带着自己的无线电设备登船，说不定可以拯救更多人的生命。更巧的是，1915 年，"卢西塔尼亚号"被德国潜艇击沉，而马可尼恰好在这之前下了船。

和马可尼同时躲过"泰坦尼克号"之劫的，还有另外五位名人。他们是1946 年诺贝尔和平奖得主、宗教领袖马特，美国铁路和航运大王范德堡家族的继承人范德堡，匹兹堡钢铁大亨佛利克，赫尔希糖果的创始人、实业家赫尔希，还有一位是 74 岁的美国银行家摩根。他们都预订了"泰坦尼克号"的豪华舱位，或是持有赠票，但因各种原因没赶上这艘巨轮，结果阴差阳错逃过了死神的邀请。

银行家摩根是该英国轮船公司的大股东，因为风寒临时滞留在法国的艾克斯，接受硫黄浴治疗。沉船之后，他接受采访称："再多的财产损失都比不上人的生命。这样的损失让我们深感痛心，这件事真是太可怕了。"

钢铁大亨佛利克和摩根是生意伙伴，他因为意外扭伤了脚踝，取消了"泰坦尼克号"之行，留在意大利的一家医院疗养，从而躲过一劫。

据说富二代范德堡临行之前才取消航行，船沉之后媒体一度断定他已遇难。结果事发两天后，范德堡在一家咖啡馆意外现身，大家都说这家伙运气太好了！不过他的运气还是不如马可尼。三年后，范德堡搭乘的"卢西塔尼亚号"邮轮被德国潜艇击沉，他不幸罹难。

糖果大王赫尔希和太太刚在法国度过一个冬天，准备乘坐"泰坦尼克号"回美国。据当时的档案记载，好像由于在美国的订单出了差错，所以他们提前登上了一艘德国邮轮返回美国。事情有点离奇的是——这艘德国邮轮，竟然是在事发前向"泰坦尼克号"拍发过冰山警告的"加利福尼亚人号"。

那位宗教领袖马特，当时和一位朋友都得到了这家英国轮船公司赠送的免费船票，但由于他要赶赴欧洲举行国际基督教青年会的宣传活动，所以放弃了这次航行。他的朋友登上了"泰坦尼克号"，不幸遇难。当马特后来到达纽约时，才意外得知这个消息。他手画十字，叹息道："我想是上帝在召唤我，我才幸免于难！"

"泰坦尼克号"海难是和平时期最惨重的海难之一，同时也是最广为人知的海上事故之一。"泰坦尼克号"的惨剧，后来被多次搬上银幕。1958年，英国以此为题材拍摄了灾难故事片《冰海沉船》。影片改编自美国作家沃尔特·劳德的同名小说，并荣获次年的"金球奖"。40年后，好莱坞翻拍了这部黑白片，由卡梅隆执导，片名为《泰坦尼克》。影片以恢宏的视觉特技效果和浪漫的爱情故事为宣传点，风靡全球。

为了避免此类悲剧的重演，1913年，在伦敦召开了海上生命安全国际会议。会议规定5000吨以上的轮船必须安装无线电收发报机，24小时都必须有人值班。另外，会议还规定成立冰山监视国际巡逻船队。

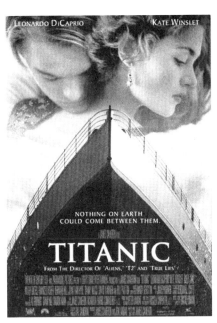

电影《泰坦尼克》海报

永不消失的电波

海上实验室
haishangshiyanshi

在以后的日子里,马可尼继续为无线电通信事业奋斗。

1914 年,马可尼被任命为意大利军队的中尉,后提升为上尉。这圆了他少年时代的海军军官梦。1916 年,马可尼调任为海军司令部的中校。他曾是 1917年意大利政府赴美使团的成员之一,1919 年担任巴黎和会的意大利特命全权代表。同年,马可尼被授予意大利军功勋章,以表彰他在军队中的服务。在意大利军队服役时,他对早先在实验中使用过的短波重新进行了研究。

1918 年 9 月,马可尼采用等幅波发射,在英国和澳大利亚之间传递了第一份无线电报。从 1916 年到 1922 年,他还开拓了短波通信的研究。

1920 年,马可尼购买了一艘游艇,取名"伊莱特娜号",意译为"电波号"。这艘 1904 年制造的游艇,用蒸汽机作为动力,性能很好,英国海军大将在第一次世界大战中使用过它。马可尼把它改装成一座别致的浮动实验室,游艇里除了有书房、卧室、洗澡间外,最引人注目的是无线电舱,舱里有实验仪器和各种长短波无线电收发报机,专供通信实验用。马可尼在这艘游艇上进行了很多重要的通信实验,包括证实短波可以进行远距离通信的实验。他曾经对朋友说:"我生来就是当水手的。我热爱大海,不但因为它把我从陆

马可尼的实验游艇"伊莱特娜号"

地上的烦恼中带走，而且我在海上还可以随心所欲地思索、研究和实验。"

1923 年，马可尼乘着"伊莱特娜号"巡航于大西洋和地中海，与普尔杜电台进行了一系列的实验。这些实验为后来建立远距离定向通信系统打下了基础。英国政府采纳了用这种系统作为英联邦之间通信手段的方案。

就在这一年秋天，不列颠学会的年度例会在利物浦举行，卢瑟福任该度年会的主席。他在那篇传播甚广的主席致辞中说："不列颠学会上次在利物浦开会是 1896 年，那时年轻的马可尼证明了可以在短距离内传送无线电信号；而到了 1923 年的今天，全英国都能收到无线电广播了。这说明科学的飞速发展改变了世界的面貌。"他早年的梦，变成了现实。可以说在卢瑟福的一生中，原子物理是他事业的主旋律，而无线电则是一曲优美的伴奏。

为了对卢瑟福早年研究无线电表示致敬，英国电台破天荒现场直播了这次演讲。这是英国公众第一次收听一位科学家的广播讲话，在当时轰动一时。

1926 年，马可尼建成把英国和加拿大联系起来的第一台定向无线电台，第二年又增设了其他电台。

马可尼还乘着"伊莱特娜号"游艇在大西洋中转播伦敦的节目，并且同世界各地的陆上电台联系。到船上来参观的官员和友人可以直接同岸上官邸的亲人通话。有几次，他因为生病或者其他原因，暂时离开了"伊莱特娜号"，却总是念念不忘要回到船上去。他说："我是多么希望再回到'伊莱特娜号'上去啊！我航海的时间不算短了，但是一离开我的游艇就感到不愉快。也许别人有更伟大的理想，而我却十分满意这个浮动的家，没有什么能够代替大海的魅力和海上的自由。"

1930 年 3 月 26 日，马可尼在"伊莱特娜号"游艇上进行了一次精彩的表演，那天正是澳大利亚电气和无线电展览会开幕。马可尼在 15000 千米外的地中海，从游艇上用无线电话机同展览会的人员通了话，然后按下电键发出电波

马可尼在"伊莱特娜号"机房

信号，经过一个中途站接收，再转发到澳大利亚，最后点亮了大厅的 3000 多盏电灯。这件事轰动了全世界，使展览会大为增色，在当时传为佳话。

1930 年的另一天，卢瑟福在伦敦发表科学演讲，又创下无线电史上的一个奇迹，与马可尼点燃展览会 3000 多盏电灯的壮举交相辉映。电波把卢瑟福的声音传到了大西洋彼岸，他从前工作过的地方——加拿大麦基尔大学，有数千名听众完整地收听到了他的演说，场面热烈而激动。

演说开始时，卢瑟福以他惯有的幽默说道："没想到我承担了一项艰巨的任务，要在 4828 千米以外的地方，让听众听到我讲话的声音。我别无选择，只好求助于我沙哑的大嗓门了！"

卢瑟福的老朋友伊夫博士代表加拿大皇家学会致辞。这实际是一次别开生面的现场直播。伊夫博士说："听到卢瑟福爵士的声音，真让人高兴不已！世界突然变得这么接近了。我们不仅希望听见你的声音，而且还期待着在十年之内，能在屏幕上看见你本人……"

博士这番感情洋溢的话，实际是对电视广播的预测。美国人贝尔德在此前已经发明了机械扫描电视，当时英国广播公司刚开始试播。不过这是一种机械扫描电视，图像模糊不清。

马可尼的发明故事充满着传奇色彩。他的婚姻与家庭生活，与其海上实验生涯也有着密切的关系。

1905 年 3 月 16 日,30 岁的马可尼与比阿特丽斯·奥布莱恩结婚，他们共育有三个子女:德尼亚、朱利奥和乔亚。但马可尼迷恋于自己的实验,以"伊莱特娜号"游艇为家,常年在海上进行无线电实验。对于"浪迹天涯"的发明家丈夫,比阿特丽斯终于忍无可忍,最后提出离婚。1927 年 6 月 15 日,教廷最高法院解除了他们的婚姻关系。马可尼付给比阿特丽斯一笔丰厚的赡养费。

随后,53 岁的马可尼娶 27 岁的克里斯蒂娜·贝奇·斯卡利为妻。马可尼的第二次婚姻很美满。斯卡利出身名门,笃信天主教,对马可尼体贴入微,尤其理解马可尼的事业和他对无线电及大海的热爱。马可尼这时正处于事业的巅峰时期,除了无线电报通信,他还研究了短波和超短波的特性,于 1932 年进行了当时最高频率 60 兆赫无线电传声实验,并出版了专著《谐振无线电》。马可尼同时还是卫星通信、电视和雷达研究的先驱者。婚后,斯卡利与马可尼形影不离,游历了全球各大洲。

1930 年 7 月,斯卡利为马可尼生了个女儿。她的诞生给马可尼带来莫大的欢乐。马可尼给她取名为爱莱塔·马可尼,把她视若掌上明珠。爱莱塔对父亲也充满了爱戴之情。她后来在马可尼逝世百年纪念时回忆说:"很小的时候,我就知道自己是古列尔莫·马可尼的女儿。妈妈培养了我对父亲的敬爱之情,同时还让我遵守一项规定,那就是在爸爸工作时不要去打扰他，因为他在干大事业。另一方面，他确实是一位可亲的父亲,他一闲下来就逗我玩,和我一起做游戏。他的游戏里夹杂着严肃的话题,例如对真理的崇尚。他总是讲科学家要追求真理,无论别人如何看都不能退缩。"

爱莱塔还谈到马可尼的性格。她说:

马可尼与妻子斯卡利及女儿

"他的内心世界十分丰富，热爱音乐和艺术，感情也很强烈。周围总有一些阿谀奉承的人向他提出许多要求，但他总是我行我素，不为所动。所以冷漠、孤僻以及不近人情的名声便不胫而走。其实，他对年轻人有求必应，畅所欲言，并认真听取他们的心声。"

1934 年 4 月 25 日是马可尼 60 岁的生日，从世界各地拍来的贺电，像雪片一样飞进他的办公室。这些贺电，大多是用他贡献了毕生精力的无线电报拍发的。为了纪念他的伟大贡献，国际海上无线电协会代表 50 个国家，一致通过把 4 月 25 日命名为"世界海上无线电服务马可尼日"。

马可尼成功的秘诀
makenichenggongdemijue

无线电在航海事业中的巨大作用，使马可尼得到了很大的欢乐和鼓舞。他对朋友说过好多次："我的发明能够营救海上众多的生命，这是我一生中最愉快的事！"

马可尼喜欢大海。他像开尔文勋爵一样，后半生的科学研究活动都是在海上进行的。他常常对人讲起少年时代的趣事。他 8 岁那年，经常和哥哥一起划着小船到海上去玩，有几次险些掉进海里淹死。正因为这样，当他看到自己的发明给航海人员带来福音的时候，心里格外高兴。

马可尼由于在无线电事业上的巨大成功，获得了很多的荣誉。

马可尼勋爵

他除了得到诺贝尔物理学奖外，还得到了英国皇家艺术学会的阿尔伯特奖章、英国皇家维多利亚大十字勋章、美国的富兰克林奖章、俄国沙皇授予的圣安娜勋章和意大利国王大十字勋章。意大利国王任命他为荣誉海军中校，后又授予海军准将。1903年，马可尼还获得了罗马城的荣誉市民称号，1905年被封为萨瓦城的文官爵位。马可尼还有许多其他的荣誉称号，如1914年被封为意大利元老院的议员，1929年获得了侯爵的世袭头衔。同时，还有议员、元老、院长和会长这样一些头衔。但是，马可尼不爱出风头，他为人谦虚、稳重。人人都知道他是无线电发明家，他却认为自己只是个普通的业余爱好者。他不喜欢长篇演说，也不健谈，即使在公司的年会上，他也很少主持会议。但是，他在熟悉的朋友中，却常常表现出孩子般的快乐。他工作井井有条，准确无误，具有法拉第式的风格。他有三个特点，一是敢想，二是想到了就做，三是善于吸取别人成功的经验，这就是他一生事业成功的秘诀。他在功成名就以后，同样重视学习别人的长处。他每天早晨都要阅读电子技术刊物，每逢发现别人有什么新的见解或者设想，都会产生浓厚的兴趣。

马可尼就是这样一种人，他并没有超人的智慧，却善于吸取很多人的长处；他没有单独创造什么，却能够把很多天才的创造结合起来，变成无价之宝。他不是无线电的第一个拓荒人，但是他取得了最大的成功。他是集大成者，在很多研究无线电的人中第一个登上了高峰，成为杰出的无线电发明家。

《时代周刊》封面上的马可尼（1926年）

访问中国

fangwenzhongguo

马可尼生前对中国怀有友好的感情。1933 年 12 月，马可尼偕夫人访问中国。这次访问给马可尼留下了深刻的印象。他曾经对人说，在津浦线的列车上经历了这样长的旅途，再翻开地图把中国同意大利相比，不禁深深感叹中国的辽阔。当时，马可尼与夫人斯卡利从日本到北京，再从北京到南京，然后又在意大利驻华公使的陪同下到了上海。

据资料记载，马可尼这次访问上海盛况空前，留下了珍贵而难忘的回忆。

12 月 7 日，他们受到交通大学、上海各大学联合会、中国无线电研究社、上海无线电台、上海工程师学会和中华学艺社等十几个团体的热烈欢迎。

车站上，中外各界人士齐聚一堂。除意大利总领事尼龙及领事馆秘书等人外，还有学术团体代表方子卫和曹仲渊，交通大学校长黎照寰，马可尼无线电公司驻沪经理李却斯，意侨代表及各报社记者等 20 余人。上海的多家报纸争先报道了马可尼来沪的消息，由此刮起了一阵"无线电旋风"。

媒体笔下的马可尼，"年届花甲，然精神矍铄，步履甚健，身御玄色厚呢大衣，身体魁梧"；而其夫人则"面罩黑纱，头戴乌绒帽，身着黑色大衣，面目端庄，笑容可掬，与欢迎者谈话时，更觉和蔼可亲"。12 月 9 日的《申报》还推

马可尼和夫人访问中国

出了"欢迎马可尼专号",刊登了《世界的发明家、无线电界的伟人马可尼》等系列文章,同时还配发了一组马可尼的照片。

12月8日下午,在徐家汇交通大学容闳堂举行了盛大的茶话会。蔡元培担任会议主席。到会的有各学术团体代表、市府官员和媒体记者100多人。当马可尼夫妇和意大利公使鲍斯克里夫妇、意领事尼龙及随行人员乘坐的汽车驶进交通大学校门时,近千名学生夹道欢迎,高声呼喊。蔡元培和交通大学校长黎照寰等人迎上前去,将马可尼夫妇引入容闳堂内。容闳堂门口高悬着上海各学术团体欢迎马可尼夫妇的标语。会场内,马可尼和出席会议的各界代表围坐在一起,亲切叙谈,宾主尽欢。

交通大学校长黎照寰以东道主身份率先致辞,他称赞无线电的发明,说其重要性不亚于发现美洲新大陆,为"影响于现代世界变迁之最大者"。他还提到了交通大学为中国首先教授电报理论与实用的大学,在电气工程学上,久为著名学府之一。最后,他还表示,该校同学方子卫提议,在工程馆前建筑"马可尼纪念柱",其形态寓意于马可尼发明的天线及发射器,茶话会后敦请马可尼"亲行植基礼",并以此纪念当日马可尼莅校的盛况。马可尼听后,微笑应允。

接着,由茶话会主席蔡元培致欢迎辞。蔡元培以"第一是引起愉快的心情,第二是引起我们奋勉的志气"为主旨致辞,表达了欢迎和受益之意。他还勉励在场的青年学子发奋图强,报效国家。蔡元培致辞时,由黎照寰即席翻译成英语,传达给马可尼等意大利来宾。马可尼起立,用流利的英语致答谢辞。他首先感谢中国有关方面和人士的接待,对中国辽阔的国土和优美的景色赞叹不已,由于此次访华时间较短,不能进行无线电专题演讲,希望有机会再来中国。

茶话会后,马可尼应邀在交通大学科学馆前,亲手将铜质天线柱"马可尼纪念柱"放进预先掘好的坑里,然后亲手挥锹铲土,为即将兴建的无线电台奠基。此纪念柱高约7米,形状如马可尼于1895年设计的柱状垂直天线的铜柱。

该纪念柱为马可尼此行交通大学特制,由方子卫捐赠给母校,并由中国无线电工程学校 6 名学生护送到交通大学。纪念柱的基石上镌刻着几个大字:天线铜柱,两边各有一行小字:无线电发明家意大利人马可尼,民国 22 年 12 月 8 日。

当年有个交通大学物理系的学生张煦,亲历了这感人的一幕。迄今健在的张煦已 90 多岁,他回忆当时的情景仍然激动不已。这位交通大学的退休老教授说:"在我们研究通信工程的人眼里,马可尼的地位是至高无上的,所以当我读书时能亲眼见到他,他就站在离我很近的地方,我激动啊!"马可尼纪念柱迄今保存完好,成为交通大学的一处胜迹。但其中蕴含的故事,或许大多数学生并不知晓。

马可尼此行的纪念物除此纪念柱外,"其旁筑石坛,成抛物线之焦点",以寓意马可尼发明的无线电天线。马可尼称赞此物结构新颖巧致,并对方子卫开玩笑说:"如以此用于无线电之超短波,则该铜柱尚太长。"

马可尼在上海短短几天,各方人士盛情款待,接待规格颇高。科技界和教育界自不待言,商界和政界也是争先恐后

马可尼纪念柱奠基礼(铜柱右为马可尼,左为交大校长黎照寰)

发出邀请。12 月 9 日,财政部长宋子文设晚宴款待马可尼,兼为英使饯行。10日,马可尼一行又前往霞飞路市政府招待所,赴吴铁城市长邀请的晚宴。到会者除政府要人宋子文和孙科等,还有各国领事及商界名流约 300 人。12 月 11日上午,马可尼偕夫人及意公使鲍斯克里,驱车来到真如上海国际无线电台参

观。中午,意公使鲍斯克里在意大利领事馆举行宴会,参加宴会的各国外交人员济济一堂,盛极一时。之后,马可尼公司经理李却斯在华懋饭店8楼举行茶话会,恭请马可尼夫妇。

宴会刚刚结束,马可尼夫妇又赶往礼查饭店,出席太平洋联会为他们举办的饯行晚宴。宴会主席孔祥熙先用英语、再用汉语,以"盛会巧遇、不胜荣幸"为开场白,欢迎马可尼及一行人员的莅临。因为一切源于"无线电为交通之无上利器",所以一再称赞马可尼的发明确是"丰功伟绩,实可钦佩"。为了展示马可尼的发明成果,由马可尼公司预设话筒及扩声

马可尼偕夫人参观真如国际无线电台

器,将席间声音用无线电广播。同时,由朱小姐弹奏钢琴曲,获得满场喝彩。

在宴会上,马可尼进行了无线电专题演讲。他表示对无线电技术在中国的前景十分看好,因为中国"地大民众,无线电实最有用处"。而且"中国工程师之聪明才智,无人能与比拟,鄙人深为钦仰",也由此可见,中国"来日科学发展,正无限量"。

★ 人类进入一个新时代
renleijinruyigexinshidai

1937年7月20日,马可尼病逝于罗马。全世界都哀悼这位无线电巨人的离世。意大利为马可尼举行国葬,罗马有上万人参加送葬仪式。英国本土所有邮局的无线电报和无线电话都停用两分钟,大不列颠广播协会所属的广播电

台也停用两分钟,表示对马可尼的崇敬和悼念之情。

马可尼一生的经历,也就是无线电发展的历史。他22岁到英国的时候,无线电事业还处在摇篮时代;当他满载荣誉离开人间的时候,无线电已经成为遍布全球的一项伟大事业。一家著名杂志在他逝世时评论:"多少人只是满足于证明无线电实用的可能,他却让无线电真正用于实际了。这确实是伟大的!"

著名的意大利诗人邓南遮为马可尼撰写了这样的墓志铭:"他的发明开创了人类生活的一个新时代。"

的确,无线电的发明,改变了人类的历史。

如今,无线电技术不仅成为世界性的通信方式,还广泛应用在广播、电视、人造卫星、宇宙飞船、航海、航天、导航、遥测和遥控等各个领域。人类正进入信息时代。永不消逝的电波遍布全世界的每一个角落,拉近了人们的距离。拿着手机,你可以随时随地与世界任何一个角落的人交流。我们的生活变得更便捷、时尚,也更加丰富多彩。如果没有无线电,世界将变得黯然失色。

马可尼在"历史上最有影响的100人"中排名第41位,比电话发明人贝尔(第44位)排名靠前。无线电和电话的发明都改变了人类的社会生活,相比而言,无线电的影响更大,更为深远。爱迪生排在第38位,比马可尼略靠前些,也许因为他拥有很多项发明,尽管其中没有一项像无线电那样重要。马可尼的排名,排在法拉第(第28位)和麦克斯韦(第29位)之后,也是有道理的,因为无线电和电话等发明,只是法拉第和麦克斯韦学说实际应用的一部分。只有极少数最重要的政治人物对世界的影响,可以与马可尼相提并论。

马可尼大理石像

附：

马可尼生平简历

1874 年　4 月 25 日,出生于意大利的博洛尼亚。

1887 年　报考里窝那海军学校,因成绩不合格没有被录取。不久进入里窝那技术学校学习。

1889 年　已经成为电学迷。效法少年法拉第,既埋头读书,又动手进行一些简单的电学实验。

1891 年　报考博洛尼亚大学,名落孙山。收集了各家无线电研究者的论文。在博洛尼亚大学图书馆,读到许多关于电报和海底电缆通信方面的文献,大开眼界。

1894 年　4 月,受赫兹的一篇论文启发,决定投身无线电实验。

　　　　改进布冉利检波器,在父亲的格里福内别墅楼上进行无线电实验。

1895 年　9 月,在格里福内别墅和附近的小山上进行无线电信号传送,距离达2.7 千米。

1896 年　5 月,带着发明和母亲来到英国。

　　　　6 月 2 日,马可尼的发明取得了英国政府的专利。专利证号:12039,伦敦;专利名称:电脉冲及信号传输技术的改进以及所需设备。这是无线电史上的第一张专利证。

　　　　7 月 27 日,在英国邮政总局总工程师普利斯的支持下,在邮电总局大楼顶上和 300 米远的一座银行大楼之间成功进行了实验。第一次向公众展示了他的装置。

9 月 2 日，他发送的无线电信号越过英国索尔兹伯里平原 2.8 千米的距离。

12 月 12 日，普利斯举行了一场无线电报的推介会，向公众隆重介绍青年发明家马可尼。

1897 年 5 月 18 日，在英国布里斯托尔海湾成功进行了无线电跨海通信，距离为 14.5 千米。

7 月，在伦敦成立"无线电报通信公司"。

在英国南端怀特岛建立尼特无线电通信站，开尔文勋爵在那里拍发了第一份商用无线电报。

1898 年 7 月，他的无线电报装置正式投入商业使用，替爱尔兰首都都柏林《每日快报》报道快艇的比赛实况。

1899 年 3 月，他的无线电装置第一次营救海上遇险者。

在多佛尔海峡实现无线电通信，距离 45 千米。

7 月，通信系统在 3 艘英国军舰上实验，证明无线电信号有可能"绕过"地球，进行曲面传递。

9 月到 10 月，访问美国，用无线电报道国际快艇比赛。

11 月 15 日，在"圣·保罗号"邮船上同尼特站进行无线电通信实验，距离 106 千米。

1900 年 4 月 26 日，取得调谐或谐振电报的专利，专利号为 7777。

10 月，在普尔杜建立世界上第一座大功率无线电发射台。

1901 年 12 月 12 日，"S"电码从英国的普尔杜发出，在 3000 多千米外的加拿大纽芬兰收到。无线电报第一次飞越大西洋。

1902 年 7 月，随同意大利国王乘巡洋舰访问俄国喀什港，同波波夫友好会晤。

10月,在"费拉德尔菲亚号"船上,收到从 2500 千米外的普尔杜发来的无线电报和远及 3200 千米的莫尔斯电码。

12月,实现英国和加拿大之间第一次正式的无线电报通信。

1903 年　开始从美国向英国《泰晤士报》用无线电传送新闻。

8月4日,在柏林举行第一届国际无线电报会议。

英国、意大利、加拿大、美国、德国、日本和比利时等国的海岸、要塞和成百艘大西洋邮船都装备了无线电装置。

1905 年　3月16日,与比阿特丽斯·奥布莱恩结婚。

1909 年　因为对发明无线电作出的贡献,马可尼和布劳恩分享该年度的诺贝尔物理学奖。

"共和国号"轮船同"佛罗里达号"轮船相撞,由于使用无线电呼救,所以船上旅客和海员约 1600 人全部脱险。

1912 年　4月14日—15日,永不沉没的"泰坦尼克号"在初航时与冰山相撞沉没。发出呼救信号的无线电报务员拯救了 700 多人的生命。

1915 年　第一次世界大战期间和战后,为意大利完成许多外交使命。

1919 年　任意大利参加巴黎和会的代表。

1920 年　购买"伊莱特娜号"游艇,改装成海上流动的无线电实验船。

1922 年　从 1916 年到 1922 年,努力研究短波通信。

1923 年　乘着"伊莱特娜号"巡航于大西洋和地中海,与普尔杜电台之间进行了一系列的实验。

1926 年　建成将英国和加拿大联系起来的第一台无线电台。

1927 年　6月,第二次结婚,新娘为克里斯蒂娜·贝奇·斯卡利。

1930 年　3月26日,在"伊莱特娜号"游艇上,用无线电信号点亮了 15000 千米外的澳大利亚电气和无线电展览会 3000 多盏电灯。

7 月，女儿爱莱塔·马可尼出生。

1932 年　进行了当时最高频率 60 兆赫无线电传声实验。

出版专著《谐振无线电》。

1933 年　12 月，偕夫人访问中国。

12 月 8 日，在上海交通大学亲手植放"马可尼纪念柱"。

1934 年　4 月 25 日，马可尼 60 岁生日。国际海上无线电协会代表 50 个国家，

一致通过把 4 月 25 日命名为"世界海上无线电服务马可尼日"。

1937 年　7 月 20 日，因病逝世，享年 63 岁。